KB268287

K-원전 없이 AI 시대 없다

K-방산, 원정군과 결합한 핵능력 확보

K-원전 없이 AI 시대 없다

K-방산, 원정군과 결합한 핵능력 확보

초판 1쇄 발행 2026년 2월 26일

지은이 이정훈

펴낸이 김미희
펴낸곳 도서출판 열린아트
출판등록 2001년 7월 12일 제2-3376호
주소 서울 중구 서애로 27, 서울캐피탈 607호
전화 02-2269-8167
팩스 02-2269-8168
디자인 고시영, 정준모

ISBN 978-89-91758-31-5   03340

K-원전 없이 AI 시대 없다

K-방산, 원정군과 결합한 핵능력 확보

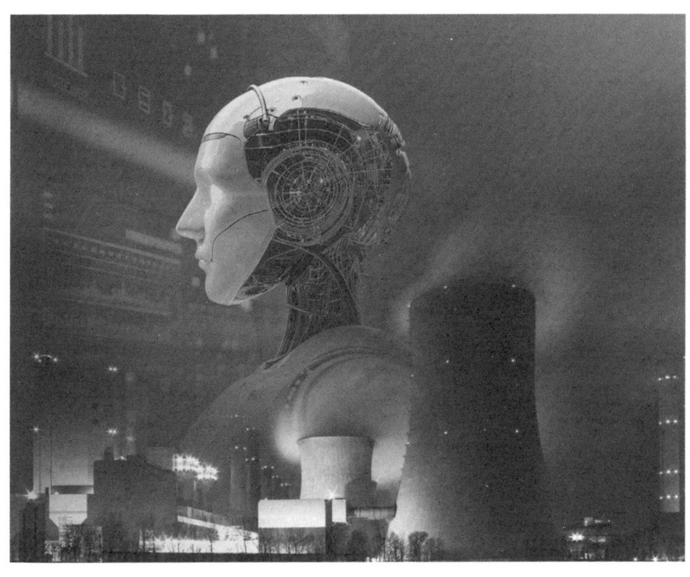

이정훈 지음

도서출판 열린아트

목 차

머리글을 대신한 출사표

어린 시절『삼국지연의』에 나오는 제갈량의 출사표를 읽으며 감동한 적이 있었다. 대장부라면 저렇게 자신을 던져야 하는구나. 조직 생활의 쓴맛 단맛을 알게 되자 다른 것이 눈에 들어왔다. 젊은 군주인 유선劉禪에 대한 절절한 충성 다짐이었다. 아버지 유비劉備가 삼고초려를 해서 모셔 온 그가 젊은 군주를 위해 나선 것인데, 왜 혼신의 힘을 다해 젊은 군주를 설득한 것일까.

히틀러가 이끈 나치 독일은 만슈타인이 설계한 '심리 기동전'인 전격전電擊戰, Blitzkrieg으로 개전 6주 만에 1차 대전 승전국인 프랑스를 항복시켰다. '바르바로사 계획'으로 전광석화처럼 소련으로 쳐들어가게도 했다. 그는 히틀러의 전쟁 목적에 동의한 히틀러의 충신은 아니었다. 히틀러의 독재로부터 조국을 구해야 한다며 히틀러에 대한 저항도 하지 않았다. 히틀러에 대한 정치적 판단은 '노'였지만 시키는 대로 최고의 방법을 찾아 준 순수 군인에 가까웠다.

히틀러는 의원내각제 국인 바이마르 공화국의 총리이면서 대통령을 겸했기에 지도자·영도자를 뜻하는 독일어 '퓌러Führer'로 불렸다. 공화국의 퓌러는 군주국의 군주와 거의 비슷한 존재다. 제갈량이 군주를 설득하는 '사전 작업'에 최선을 다 했다면 만슈타인은 퓌러가 시킨 것을 이루는 '사후 작업'에 모든 것을 쏟아부었다. 그러나 둘의 계획은 실패했다. 촉한蜀漢과 바이마르 공화국의 천하통일은 대실패로 막을 내렸다.

전략을 세운다는 것은 이렇게 위험한 일이다. 현대의 주권자인 국민을 설득하는 것은 군주를 이해시키는 것보다 어렵기 때문이다. 제갈량과 만슈타인의 실패에서 보듯이 좋은 전략이 승리를 담보해 주는 것도 아니다. 그러나 돌이켜 보면 수많은 성공도 발견된다. 박정희가 주도한 경제개발 5개년 계획, 전두환이 펼친 한강개발 사업, 맥아더가 이끈 인천상륙작전 등등. 그런데 이들의 삶은 비극으로 막을 내렸기에, 이들의 성공은 빛을 내지 못한다.

100% 희극이어야만 코미디로 인식하는 것이 문제다. 희극과 비극이 교차하면 비극으로 받아들이는 것이 문제인 것이다. 주목할 것은 희극이다. 제갈량이 출사표가 주목을 끈 것은 북벌에 대한 강력한 의지와 군주에 대한 충성 때문이다. 만슈타인은 심리적 효과까지 고려한 공지空地기동전을 설계했기에 군사학에서는 지금도 교과서적인 주목을 받는다.

핵을 가진 중국·러시아·북한과 유력한 강국인 일본에 접해 있고 패권에 도전하는 미국과 연결돼 있는 대한민국이 통일을 하고 강국이 되는 길을 찾아보자. 우리는 핵무기를 가질 수가 없다. 그러나 이재명 대통령의 시도로 농축과 재처리를 하고 공격원잠을 건조할 수 있게 됐으니 핵무기를 가진 것과 다를 바 없는 '핵능력'은 가질 수 있게 됐다.

좋은 AI와 좋은 로봇으로 승부가 결정되는 AI 시대가 열리고 있다. AI와 로봇은 품질 좋고 값싸고 풍부한 전력을 요구하는 '전기 먹는 하마'다. 수소가 새로운 에너지원이 될 가능성도 높은데, 물을 전기분해해 수소를 얻으려면 막대한 전기가 있어야 한다. 품질 좋고 값싸고 풍부한 전력을 생산하면서 온실가스도 배출하지 않는 유일한 발전원이 원전이다. 이승만-박정희-전두환이 만들어온 K-원전이 놀라운 가성비로 서방권을 휩쓸고 있다.

두산에너빌리티는 원자로와 증기발생기 제작에 독보적인 기업이다. 어떤 나라가 하든 원자로와 증기발생기의 제작만큼은 이 회사에 맡겨야 경제성을 갖는다. 이러한 독점력이 있다면 우리는 이 땅에 많은 원전을 지어 AI 시대를 열고 수소를 생산해야 한다. K-원전 덕분에 전기료가 낮아져 기업들이 경쟁력을 갖춘다며 대한민국의 번영은 이어질 것이기 때문이다. 우리는 이를 수출해 세계 원전 시장 석권도 노려야 한다. '돈 먹는 하마'인 신재생 에너지 귀신에 씌여 있을 이유가 없다.

에너지가 넘치면 해볼 수 있는 일이 많아진다. 마침 K-방산도 선전하고 있다. 우리가 20%로 농축한 핵연료를 쓰는 공격원잠을 건조해 낸다면 세계 공격원잠의 트렌드가 바뀔 것이다. 잠수함을 앞세운 K-조선으로도 세계를 정복해보는 것이다. 이 원잠에 핵무기급 SLBM인 현무-5를 탑재한다면 우리는 2격과 테러의 균형balance of terror을 할 수 있는 나라도 된다. 핵무기가 무색해지는 세상을 만드는 것이다.

그리고 이북에 '대통령도 탄핵'하는 민주주의를 불어넣어 김일성대학생들이 '임을 위한 행진곡'을 부르며 "독재 타도"를 외치게 해 보는 것이다. 평화통일을 이루려면 '지독한 노력'을 해야 한다. Freedom is not free가 꼭 '싸워서 이겨야' 자유를 누린다는 뜻은 아니다. 조국을 부흥케 하고 이북에 정보를 집어 넣은 지독한 노력이 Freedom을 만든다.

원전으로 부국이 되고 핵능력으로 강국이 돼 번영하는 통일을 해보자는 출사표로 이 책을 내놓는다. 헛소리라는 조롱을 받더라도 혼신의 힘을 다해 계획을 만들어봤다고 생각한다 ●

01

농축과 재처리를 향하여

- 트럼프가 원전용 농축우라늄 공장 공동 설립을 제안한 이유는
- 권리 위에서 낮잠 자 온 대한민국, 원심분리기부터 도입해야
- 대한민국 원자력의 양 날개는 농축과 재처리
- 시급한 중간 저장시설과 고준위 처분장의 건설
- 농축과 재처리의 한 · 일이 있어야 북 · 중 · 러에 맞설 수 있다

트럼프가 원전용 농축우라늄 공장
공동 설립을 제안한 이유는

12·3 계엄 1주년을 맞아 2025년 12월 3일 청와대 영빈관에서 외신 기자회견을 가진 이재명 대통령은 '우라늄 농축과 핵연료 재처리와 관련해 미국과 제대로 소통하고 있느냐'라는 질문에, "트럼프 미국 대통령이 2025년 10월 29일 경주 정상회담에서 '한국은 우라늄 등 핵연료를 어디에서 주로 수입하느냐'고 묻기에 '러시아에서 30% 수입한다'고 하자, 그는 '자체 생산하면 이윤이 많이 남겠네. 한미가 동업하자'고 했다", "결국 5 대 5로 동업하기로 했다" "트럼프 대통령은 동업 역할을 하워드 러트닉 미 상무장관에게 맡겼다"라고 대답해 주목을 끌었다.

한국이 원전용 농축우라늄을 생산하게 됐다면 무조건 좋아해야 할까? 좋아해야 한다. 그러나 전적으로 그렇지는 않다. 미국과 협력해 원전용 농축우라늄 생산공장을 짓고자 한다면 좀 더 영리한 관찰과 판단을 해야 한다. '가성비'로 나타나는 경제성을 따져야 한다.

원전은 국가전략戰略산업이라 경제성만으로 판단해선 안 되지만, 원전의 발전단가를 낮추려면 원료가 되는 원전용 농축우라늄을 싸게 생산해야 하니, 경제성 문제는 반드시 짚고 넘어가야 한다.

    01 | 농축과 재처리를 향하여

'원전용 농축우라늄 과잉 시대'의 세계 1위는 러시아

　　한국수력원자력에 따르면 2020년부터 2024년까지 5년간 대한민국이 수입한 원전용 농축우라늄 중에서 러시아산은 약 32%로, 프랑스산38%보다는 적고 영국산25%·중국산5%보다는 많았다. 이 기간 한국은 미국으로부터 원전용 농축우라늄을 전혀 수입하지 않았다. 프·러·영·중 4개국으로부터만 전량100%=32+38+25+5을 확보했다.

　　왜 이렇게 됐을까? 다음의 [표 1]은 2020년을 기준으로 한 원전용 농축우라늄 생산 국가와 업체의 능력을 정리한 것이다.

[표 1] 원전용 농축우라늄 생산 순위

순위	나라 이름	회사명	생산능력
1	러시아	Tenex	27,700
2	독일·네덜란드·영국	Urenco	13,700
3	프랑스	Areva	7,500
4	중국	CNNC	6,300
5	미국	Urenco	4,900
6	기타(아르헨티나, 브라질, 인도, 파키스탄, 이란)		66
합계	–	–	60,166
–	세계가 필요로 하는 원전용 농축우라늄의 양	–	50,205

· World Nuclear Association의 Nuclear Fuel Report 2021 근거로 작성
· 생산능력의 단위는 SWU/yr
· 독일·네덜란드·영국이 공동 투자해서 만든 Urenco는 세 나라는 물론 미국에도 법인을 설립해 원전용 농축우라늄을 생산하고 있다.

이 표에서 '생산능력'의 단위는 SWU/yr이다. SWU는 우리말로는 '분리 작업 단위'로 번역되는 'Separative work units'의 약어이다. 원자력공학은 물론이고 공학에 대한 이해가 적은 이에게 SWU를 설명하는 것은 복잡하니 생략하자. yr은 year年이니 SWU/yr은 '연간 원전용 농축우라늄 생산량' 정도로만 이해하고 넘어가자.

위 표는 놀랍게도 원전용 농축우라늄을 가장 많이 생산할 수 있는 나라는 '테넥스Tenex'란 회사를 가진 러시아임을 보여준다. 러시아의 네 군데에 공장을 둔 테넥스는 연간 27,700 SWU의 원전용 농축우라늄을 생산할 수 있다. 전 세계가 생산할 수 있는 원전용 농축우라늄60,166 SWU의 46% 이상을 매년 공급할 수 있다.

반면 미국의 생산능력은 5위이고 생산회사는 독일·네덜란드·영국이 공동 투자해서 만든 우렌코Urenco가 미국에 세운 자회사인 '우렌코 USA'이다. 아르헨티나 등 여타 국가를 제하면 주요국 가운데 생산능력은 꼴찌이다.

세계에서 운영되고 있는 원자력발전소의 기수와 설비용량은 알려져 있다. 그러하니 세계가 필요로 하는 원전용 농축우라늄의 양은 바로 계산된다. 이 표에서 주목할 것은 이 업체들이 공급할 수 있는 원전용 농축우라늄의 양60,166 SWU은 세계가 필요로 하는 원전용 농축우라늄의 양50,205 SWU보다 무려 9,961 SWU가 많다는 사실이다. 9,961 SWU는 프랑스 최대의 원자력 회사인 아레바Areva가 생산할 수 있는 원전용 농축우라늄보다 많다.

이러하니 세계 원전계는 원전용 농축우라늄 과잉 공급 시대를 맞을 수밖에 없다. 원전용 농축우라늄을 값싸게 공급할 수 있는 나라는 버티지만, 그렇지 못한 나라는 생산 시설을 세우거나 적자 생산을 해야 하는 위기를 맞는다. 세계 원자력발전계는 동유럽 공산국가와 소련이 붕괴한 1990년대 후반부터 원전용 농축우라늄 공급 과잉 시대를 맞았다. 소련 붕괴 후 서방과 접촉하게 된 러시아가 경제난을 극복하려고 본격적으로 원전용 농축우라늄 공급 시장에 뛰어들었기 때문이다. 러시아는 소련 시절 군사용으로 만든 농축공장을 원전용 농축우라늄 생산 시설로 전환했다.

러시아산 농축우라늄 수입을 금지한 미국의 고민

세계 2위의 석유 수출국인 러시아는 2022년 우크라이나를 침공한 이후 전쟁 비용을 마련하기 위해 자국산 원유의 가격을 크게 낮췄다. 미국은 그러한 러시아를 제재하기 위해 동맹국을 움직여 러시아산 원유를 도입하지 못하게 하고 있다.

그러는 사이 러시아와 동맹을 맺어 파병한 북한과 비동맹 외교를 추구해 온 인도, 미국에 맞서온 중국은 값싼 러시아산 원유를 도입해 톡톡히 재미를 봤다. 인도와 중국의 석유화학 업계는 헐값에 도입한 러시아산 원유 덕분에 유화제품의 가격을 크게 낮춰 서방국가의 석유화학 산업을 궁지에 몰아넣었다. 대한민국의 석유화학 산업이 붕괴 직전으로 몰리게 된 첫째 이유는 여기에 있다.

인도는 카슈미르 지역의 영유권을 놓고 대립하는 등 중국과 경쟁
관계에 있다. 그래서 미국·호주·일본과 중국을 견제하자는 쿼드Quad를
결성했다. 미국에 협조한 것인데 그런데도 중국과 같이 러시아와 통하
는 양다리 전략을 펼치고 있다. 이렇게 냉혹한 것이 국제정치다.

놀라운 것은 미국 원전 업계도 러시아로부터 원전용 농축우라늄
을 적잖게 공급받아 왔다는 사실이다. 미국 에너지정보청EIA에 따르면
2022년 미국 원자력발전계는 필요한 원전용 농축우라늄의 12%를 러
시아로부터 수입했다. 많을 때는 20%에 이르렀다고 한다.

이러한 수입이 러시아가 우크라이나를 침공한 이후에도 이어져 문제
가 되었다. 이 때문에 바이든 정부 시절인 2024년 미국의 상·하원은 러시
아의 원전용 농축우라늄 수입 금지 법안을 통과시켰다. 바이든 대통령도
이 법안에 서명해 미국은 러시아산 원전용 농축우라늄 수입을 바로 중지
하였다. 그리고 '예상했던 문제'에 봉착했다. 미국은 원자력 종주국이
지만 카터 정부 때인 1979년부터 원전 건설을 중단해 왔기에 원전 관
련 산업이 매우 약하다. 따라서 원전용 농축우라늄을 생산할 업체가 나
타나지 않아 독일·네덜란드·영국이 공동으로 설립한 우렌코가 미국에
진출해 원전용 농축우라늄을 생산하게 되었다.

오랫동안 새 원전을 짓지 않았지만 미국은 94기2025 내외의 원전을 돌
리고 있는 세계 최대의 원자력발전 국가다. 우렌코만으로는 미국 원전계
가 필요로 하는 원전용 농축우라늄을 채울 수 없었다. 우렌코는 미국 원전
계가 필요로 하는 원전용 농축우라늄의 30% 정도만 공급해 왔기에 미국은

　　　　　　　　　　　　　　　　01 | 농축과 재처리를 향하여

가성비가 좋은 러시아의 원전용 농축우라늄을 장기간 수입해 왔다.

　러시아산 원전용 농축우라늄 수입 중단으로 미국은 다른 나라로부터 원전용 농축우라늄을 수입해야 하는 처지가 되었다. 그런데 타국을 두들겨보니 이들은 러시아보다 인건비가 비싸, 20% 정도 높은 가격을 요구했다. 러시아처럼 아주 값싸게 원전용 농축우라늄을 공급해 주는 나라는 없다는 것이 미국 원자력 산업계의 고민이 되었다.

　미국은 동맹국들이 러시아로부터 원전용 농축우라늄을 사주는 것도 차단하고 있다. 덕분에 서방 국가들의 원전용 농축우라늄 산업은 해볼 만한 것이 돼 가고 있으니, 이들은 러시아산 원전용 농축우라늄 수입을 금지한 미국을 위해 가격을 낮출 이유가 없었다. 트럼프 미국 대통령은 이를 보고 받아 알고 있었음이 분명하다. 그래서 원전 강국이지만 원전용 농축우라늄을 생산하지 못하고 있는 한국과의 공동 생산을 검토한 것이 확실하다. 이재명 대통령을 만나자 "한국은 어디에서 원전용 농축우라늄을 주로 수입하느냐"며 떠본 것이다.

　그 직전에 이 대통령은 트럼프 대통령에게 한국이 원자력 잠수함을 짓게 해달라고 요구했었다. 그는 한국의 원잠 건조를 승인[1] 해주는

---

1) 미국은 한국이 핵추진 잠수함을 건조하는 것을 승인하였다. 미국은 이 조선 사업의 요건들을 진전시키기 위해, 연료 조달 방안을 포함하여, 한국과 긴밀히 협력해 나갈 것이다(영문 The United States has given approval for the ROK to build nuclear-powered attack submarines. The United States will work closely with the ROK to advance requirements for this shipbuilding project, including avenues to source fuel). 외교부 정책홍보담당관실, 「한미 정상회담 공동 설명자료(비공식 국문 번역 및 영문본)」 2025년 11월14일. https://www.mofa.go.kr/www/brd/m_28650/view.do?seq67&page1 (검색 2025년 12월 24일)

대신 한국과 5대의 5의 투자로 원전용 농축우라늄 공장을 짓자는 합의를 받아냈다.[2] 주고받은 것이다. 미국은 인건비가 비싼 데다 원자력공학의 붕괴로 이렇다고 할 기술자가 없으니 한국에 공장을 지어 저렴하게 원전용 농축우라늄을 공급받고자 한다. 이것이 우리에겐 숙원인 원자력연료^{핵연료} 자주화를 할 수 있는 기회가 된다.

우리는 러시아산보다 값싸게 원전용 농축우라늄을 생산할 수 있는 공장을 지어내야 한다. 미국이 아쉬운 것이 있을 때 러시아를 제칠 수 있는 농축공장을 짓고 공격형 원잠도 지어야 한다.

---

2) 미국은 한미 원자력 협력 협정에 부합하고, 미국의 법적 요건을 준수하는 범위 내에서 한국의 평화적 이용을 위한 민간 우라늄 농축 및 사용후핵연료 재처리로 귀결될 절차를 지지한다(영문 Consistent with the bilateral 123 agreement and subject to U.S. legal requirements, the United States supports the process that will lead to the ROK's civil uranium enrichment and spent fuel reprocessing for peaceful uses) 위 자료

권리 위에서 낮잠 자 온 대한민국,
원심분리기부터 도입해야

총에 장전裝塡해 발사하는 실탄을 만들려면 화약부터 구해야 한다. 그 화약을 '탄피'로 불리는 뇌관부에 넣고 앞에는 탄환을 붙여 실탄을 만든다. 그리고 총에 넣어 방아쇠를 당기면 노리쇠가 튀어나와 뇌관부를 때리고 그 순간 장약裝藥으로 불리는 화약이 터지면서 탄피는 옆으로 튀어나오고 탄환은 총구로 발사된다.

이러한 실탄을 만드는 회사가 대한민국에서는 '풍산'인데, 풍산은 화약을 만들지 않는다. 화약은 '한화'가 만들어 제공해 준다. 구리를 주로 다루고 있는 풍산은 탄환과 탄피를 만든다. 풍산은 탄피에 한화에서 제공받은 화약을 넣고 탄환과 연결해 실탄을 제조한다.

총에는 K-2, M-16, AK-47인민군이 쓰는 세칭 '아카보' 같은 소총과 K-5, 리볼버, 콜트 등 더 많은 종류의 권총이 있으며 기관총도 있다. 이러한 총에 똑같은 실탄을 장전하지 않는다. 구경口徑부터가 다르기 때문이다. K-2와 M-16은 같은 형이라 동일한 실탄을 장전할 수 있지만, AK-47에는 다른 실탄을 넣어야 한다.

이와 비슷한 것이 원자로와 핵연료 관계이다. 소총과 권총이 다르고 소총에도 구경이 다른 것이 여럿 있듯이, 원자로도 설비용량과 유형이 다르다. 그렇다면 원자로에도 그에 맞는 핵연료를 장전해 주어야 한다. 총과 실탄처럼 원자로와 핵연료는 세트로 간다. 우리는 실탄인 핵연료는 제조하지만 화약인 원전용 농축우라늄은 만들지 못하고 있다.

대한민국에 건설된 발전용 원자로에는 미국의 웨스팅하우스WH형과 컴버스천 엔지니어링CE형, 프랑스의 프라마톰지금 EDF의 전신형, 캐나다의 AECL형, 미국의 컴버스천 엔지니어링CE 원자로를 토대로 국산화한 한국형APR-1400과 OPR-1000이 있다. 이들이 소총이라면 권총에 해당하는 것은 '연구용 원자로'인데, 한국원자력연구원은 연구용 원자로인 '하나로'를 돌리고 있다.

　외국에서 들여온 노형이 많다면 우리는 미국과 프랑스 캐나다에서 핵연료를 도입해야 하는데, 하지 않고 있다. 모두 국산화한 탓이다. 대한민국에서 원전용 핵연료[1]를 국산화해 생산하고 있는 곳은 한국전력의 자회사[2]인 '한전원자력연료(주)'이다. 이 회사는 러시아 등 외국에서 수입한 농축우라늄을 토대로 원자로에 장전하는 핵연료를 만들고 있다.[3] 연구용 원자로인 하나로에 장전하는 핵연료도 제작한다.

농축에서 시작되는 핵주권

　2026년 현재 대한민국이 가동하고 있는 발전용 원자로는 26기이다. 이러한 원전에서 나온 사용후핵연료의 누적 양은 2만t 정도이다. 때문에 '국뽕'들은 유사시 이를 재처리하면 금방 핵무장 할 수 있다고 주장하는데, 이는 그야말로 '뻥'이다. 재처리를 하려면 재처리 공장이

---

1) 우리는 '원자력'과 '핵'이란 말을 어떻게 구분해 써야 할지 제대로 정리하지 못 했다. 핵무기처럼 무기인 경우엔 핵을 쓰는 것은 확실하다. 원자력 무기란 말은 거의 쓰지 않는다. 원자력으로 움직이는 동력체에 대해서도 '핵추진' 식으로 핵을 쓰고 있다. 핵잠(핵추진잠수함) 핵항모(핵추진항공모함)이라고 한다. 그러나 잠수함만은 원자력을 병기한다. 원잠(원자력추진잠수함)이란 말을 더 많이 쓰는 것이다. 하지만 원항모(원자력추진항공모함)이란 말은 쓰지 않고 있다.

　민간계에서는 원자력을 선호한다. 원자력발전소나 이를 줄인 원전을 많이 쓰는 것이다. 반원전단체만 반핵운동과 핵발전소라는 말을 쓰고 있다. 민간계는 원자로에 장전하는 연료를 원자력연료로 부르고 싶어 이를 생산하는 회사를 한전원자력연료(주)로 명명했다. 그런데 이 회사가 만든 연료는 원자력연료보다는 핵연료로 부르는 경우가 많다. 이렇게 된 데는 원자로에서 타고 나온 연료를 '사용후핵연료'로 부르는 것이 한몫한 것으로 보인다. 원자력연료를 고집하는 이들도 사용후원자력연료를 쓰지 않고 사용후핵연료라고 한다. 여기에서는 관례에 따라 핵연료로 표기한다

2) 한국전력은 원자력발전을 하는 한국수력원자력(주)과 한국수력원자력(주)이 소비하는 핵연료를 제조하는 한전원자력연료(주)를 모두 자회사로 거느리고 있다

3) UAE에 수출한 한국형 원전은 물론이고 체코에 건설해 줄 한국형 원전에도 핵연료를 공급한다. 한전원자력연료(주)는 수출도 하고 있는 것이다.

있어야 하는데 없기에, 금방 핵무장은 불가능하다. 북한처럼 국제 제재를 받으며 상당 기간 '고난의 행군'을 하며 재처리 설비를 갖추어야 비로소 재처리를 할 수 있다.

사용후핵연료보다 더 중요한 게 핵연료다. 핵연료가 있어야 원자로를 돌리고 재처리를 할 수 있는 사용후핵연료를 배출할 수 있다. 핵연료를 만들려면 농축을 해야 한다. 핵주권은 농축에서 시작된다는 것을 놓치지 말아야 한다. 대한민국은 재처리는 물론이고 농축 능력도 갖추지 못한 채 원전 강국이 되었다. '절름발이 강국'인 것이다.

그렇다면 트럼프 미국 대통령의 제의대로 가성비 좋은 농축공장을 짓는 노력부터 해야 한다. 농축공장으로 핵연료 자주화를 하고 사용후핵연료를 재처리하는 시설을 갖추어야 한다. 그런데 농축과 재처리에 관한 한 대한민국은 오랫동안 낮잠을 자 온 '한심한' 나라였다. 우리는 농축과 재처리를 할 수 있는 자격이 있었는데, 하지 않았다.

권리 위에서 낮잠 자 온 대한민국

트럼프 대통령이 공동으로 농축공장을 짓자고 한 것은 우리가 갖고 있는 자격 때문이다. 자격이란 2015년 발효된 한미원자력협정[4]을

---

4) 정식 명칭: 대한민국 정부와 미합중국 정부 간의 원자력의 평화적 이용에 관한 협력 협정(영문 :AGREEMENT FOR COOPERATION BETWEEN THE GOVERNMENT OF THE REPUBLIC OF KOREA AND THE GOVERNMENT OF THE UNITED STATES OF AMERICA CONCERNING PEACEFUL USES OF NUCLEAR ENERGY)

가리킨다. 이 협정의 11조 2항 나)에는 '(대한민국은) 20% 미만까지 농축할 수 있다'[5]는 내용이 있다. 이 협정에 따른 합의의사록의 제7조도 '농축'을 거론하고 있는데, 이 7조의 4항에도 '(한국은) 20% 미만까지 농축할 수 있다'[6]는 내용이 있다.

그런데 전제 조건이 있다. 양국이 만든 고위급 위원회에서 미국과 논의해 합의를 해야 한다는 것이다아래 각주에 있는 이 협정 제11조 2항의 '가' 참조. 그렇다면 우리는 벌써 미국에 농축을 하게 해 달라는 요구를 했어야 하는데 이 협정을 만든 박근혜 정부는 물론이고 문재인 정부, 윤석열 정부, 이재명 정부는 하지 않았다.

박근혜 정부는 이 협정 체결 후 바로 박 대통령이 탄핵되었고 문재인 정부는 탈핵정책, 이재명 정부는 신재생으로 에너지 전환을 추진하고 있으니 '그랬구나' 할 수 있지만, 한미 관계를 크게 개선한 윤석열 정

---

5) 제11조 (농축, 재처리 및 그 밖의 형상 또는 내용 변경)
  2. 이 협정에 따라 이전된 우라늄, 그리고 이 협정에 따라 이전된 장비에 이용되었거나 이러한 장비의 이용을 통하여 생산된 우라늄은 가) 이 협정의 제18조 제2항에 따라 설립될 양자 고위급 위원회를 통하여 양자 간에 수행되는 협의에 따라 그리고 당사자들의 적용 가능한 조약, 국내 법령 및 인허가 요건에 합치되게 농축을 하기 위한 약정에 서면으로 합의하고, 나) 그 농축이 우라늄 235 동위원소가 오직 20퍼센트 미만인 경우에 한하여 농축될 수 있다.
  외교부 조약정보시스템 사이트 검색(2025년 12월 24일) https://treatyweb.mofa.go.kr/usr/treaty/selectTreatyInfomationDetail.do;jsessionidL6zLChSAJpmULsGEzXERuGGP6jXBWNYlPFQi3DBU.treatyinter03

6) 7. 농축
  1) 당사자들은 협정의 적용을 받는 우라늄의 농축을 위한 적절한 방안을 식별할 목적으로 양자 고위급 위원회에서 협의할 수 있다. 2) 이러한 협의는 어느 한쪽 당사자가 제기하는 모든 관련 고려 사항, 특히 식별된 방안의 기술적 타당성, 경제적 실행 가능성, 효과적인 안전조치의 적용 가능성 및 적절한 물리적 방호, 그리고 그러한 방안을 실행하기 위하여 필요한 모든 장비, 구성품 또는 기술의 사용이 확산 위험의 상당한 증가를 초래할 것인지 여부를 고려한다. 3) 당사자들이 이 절 제2항에 기술된 고려 사항을 참작하여 우라늄의 농축을 위한 상호 수용 가능한 방안을 공동으로 식별하면, 당사자들은 원자력공급국그룹 지침을 감안하여, 그 방안에 적용 가능한 서면 약정을 체결할 수 있다. 4) 어떠한 약정이든 협정 제11조 제2항에 따라 서면으로 합의되는 경우, 당사자들은 협정에 따라 이전된 모든 우라늄을 우라늄 동위원소 235 20퍼센트 미만까지 이 절 제5항을 조건으로 농축할 수 있다.

부가 수수방관한 것은 도무지 이해가 되지 않는다.

서양의 오랜 법언^{法諺} 가운데 '권리 위에 잠자는 자는 보호받을 수 없다'라는 말이 있다. 우리는 미국에 농축 허가를 요구할 권리가 있었는데 하지 않고 낮잠만 잔 것이다. 권리는 자기가 차지해 행사해야 하는 것이다. 자기 권리를 잊고 잠자는 자의 권리는 누구도 보호해주지 않는다.

이재명 정부는 교묘하게 반원전 정책을 펼쳤는데, 미국이 직면한 국제정치 덕분에 대한민국은 숙원을 풀게 되었다. 낮잠 자는 우리를 깨워 '나와 같이 네 권리를 행사해야겠다'는 제의를 해준 것이다. 가히 '운명의 장난'이고 대한민국의 행운이며 '핵운^{核運}'이다.

러시아-우크라이나 전쟁 때문에 북한은 파병을 통해 러시아로부터 원유와 방산기술을 얻고 러시아와 방위조약을 맺는 성과를 거둔 반면 대한민국은 방산 수출을 늘이고 농축 공장을 확보할 기회를 잡았다. 국제정치는 이렇게 기회를 준다.

대한민국의 핵운^{核運}

우라늄에는 우라늄 235와 238이 있다. 자연 상태에서 우라늄 235는 0.7%, 우라늄 238은 99.3% 정도의 비율로 존재한다. 핵분열을 일으키는 것은 우라늄 235이다. 그런데 자연 상태의 우라늄은 돌 등 불순물과 섞여 있어 순도가 매우 낮고, 우라늄 235는 0.7%라는 아주 작은 비율로 존재하기에 절대로 핵분열하지 않는다.

　이러한 우라늄 235의 비율을 인위적으로 높여주는 것이 농축이다. 90% 이상으로 농축하면 이 우라늄은 스스로 핵분열할 수 있다. 그러나 무조건은 아니다. 그 양이 많아야 한다. 90%대로 10kg 이상을 농축해 줘야 핵분열을 한다. 90% 이상으로 농축할 경우 스스로 핵분열하는 10kg 내외의 무게를 '임계질량臨界質量'이라고 한다.

　우라늄을 고농축 해서 만든 원폭을 '우라늄탄'이라고 한다. 우라늄탄을 만들기 위해 임계질량 이상을 90%대로 농축하면, 바로 핵폭발인 '핵분열'이 일어난다. 농축을 한 사람이 희생되는 것이다. 그 때문에 농축을 할 때는 임계질량 이하로 한다. 쉽게 설명하면 90%대로 농축한 5kg짜리를 두 개 만드는 것이다. 이 둘을 원폭 케이스에 분리해 집어넣고, 이 원폭을 투하해 폭발시키려고 할 때 케이스 안에서 합쳐 임계질량이 만들어지게 함으로써 핵분열하게 한다.

　경수로용 핵연료는 5%, 연구용 원자로의 핵연료는 20% 정도로 농축하니 이 핵연료는 스스로 핵분열하지 못한다. 원자로 안에 집어넣고 장전하고 인위적으로 중성자를 쏴주어야 핵분열을 한다. 중성자를 맞은 우라늄 235는 쪼개지면서 강한 열을 내는데, 이 열로 물을 끓여서 나오는 증기로 터빈을 돌려 전기를 생산하는 것이 원자력발전이다.

　중성자를 맞은 우라늄 235는 스스로도 중성자를 방출한다. 이 중성자가 다른 우라늄 235를 때려 핵분열을 일으키는 것을 거듭하는데, 이를 '연쇄 핵분열'이라고 한다. 중성자는 연쇄 핵분열을 할 때 폭증한다. 이러한 중성자를 조절해 적절한 핵분열만 일어나게 하는 것이 원자로이다. 중성자의 양을 조절하기 위해 원자로 안에는 중성자를 잡아먹는 '제어봉'을 집어넣는다.

쪼개 놓았던 90%대 고농축 우라늄을 합쳐 임계질량을 만들어줌으로써 100분의 1초 이내에 연쇄 핵분열이 일어나게 하는 게 우라늄탄이다. 아주 짧은 시간에 연쇄 핵분열이 일어나니 강한 폭압이 발생한다. 발전용 원자로는 제어봉을 이용해 3년 이상 연쇄 핵분열이 일어나게 조절한다. 원폭과 원자로 안에서의 핵분열은 큰 차이가 있다.

농축공장은 핵심은 원심분리기

5%든 90%든 농축을 하려면 원심분리기가 있어야 한다. 원심분리기는 '통돌이 세탁기'와 비슷하다. 빨래를 마친 통돌이 세탁기는 다시 강하게 회전해 원심력으로 물기를 날려 빨래를 건조하기 좋은 상태로 만들어준다. 원심분리기도 원심력으로 쓸데없는 것을 날려버리면서 우라늄을 농축한다.

우라늄 235보다는 우라늄 238이 무겁기 때문에 이들이 섞여 있는 우라늄광천연우라늄이라고 한다을 원심분리기에 넣고 고속으로 돌려주면, 원심력이 작용해 더 무거운 우라늄 238이 떨어져 나간다. 자연스럽게 우라늄 235의 비율이 높아지는데 이것이 바로 농축이다.

우라늄은 아주 단단한 금속인지라 웬만한 원심력으로는 238을 날려 보내지 못한다. 초고속 회전을 하는 원심분리기가 있어야 한다. 초고속 회전력을 얻으려면 품질 좋은 전기가 대량으로 있어야 한다. 화전과 수전, 가스전, 태양광발전, 풍력발전 등 여러 발전원 중에서 가장 품질 좋은 전기를 대량으로 생산하는 것은 원전이다. 대한민국은 원전 강국이니 원전을 증설하면 원심분리기 가동에 필요한 품질 좋은 전기를 충분히 마련할 수 있다.

문제는 전력이 아니라 원심분리기이다. 우라늄 농축에 쓰이는 원심분리기나 이를 만들 수 있는 재료는 철저하게 거래가 통제된다. IAEA는 물론이고 핵공급국 그룹 등 숱한 국제 레짐이 원심분리기는 물론이고 원심분리기를 만드는 데 쓰일 수 있는 재료의 거래를 제한한다.

그러나 미국이 농축공장을 짓기 위해 원심분리기를 구한다고 하면 묵인한다. 이것이 패권국가의 힘이다. 한미원자력협정은 6조에서 필요한 원자력 교역을 할 수 있다[7]고 해 놓았다. 우리는 원심분리기를 구할

---

7) 제6조 (원자력 교역)
　1. 당사자들은 산업계, 전력회사 및 소비자의 상호 이익을 도모하기 위하여, 당사자들 간 및 각 당사자의 허가받은 인 간의 핵물질, 감속재 물질, 장비 및 구성품의 교역, 그리고 적절한 경우, 제3국과 어느 한쪽 당사자 간의 이 협정의 적용을 받는 핵물질, 감속재 물질, 장비 및 구성품의 교역을 원활히 한다.
　2. 당사자 영역 내의 교역, 산업적 운영 또는 핵물질의 이동과 관련하여, 제3자에 대한 허가 또는 동의와 더불어, 이 협정에 따른 수출 및 수입 인허가와 기술 자료의 이전 및 지원에 대한 승인을 포함하는 허가는 교역을 제한하기 위하여 이용되지 아니한다. 당사자들은 그들의 적절한 당국을 통하여, 이 조에 따른 교역을 원활히 하는 데 필요한 허가의 신청에 대하여 신속하고 부당한 비용 없이 조치를 한다. 당사자들은 각 당사자의 국내 법령에 합치되게 그러한 허가를 신속히 발급하기 위하여 모든 합리적인 노력을 할 것에 합의한다.

수 있다는 뜻인데, 어느 정권도 원심분리기를 도입하기 위해 미국을 설득하는 노력을 하지 않았다.

미국이 공동으로 농축공장을 짓자고 한 것은 정말 대단한 '핵운核運'이다. 그것도 원전 건설을 피해 가는 이재명 정부에게 미국이 요구했으니, 우리는 이재명 정권의 탈원전도 막을 수 있는 기회를 잡았다. 이 농축공장은 하나로용 핵연료를 만들기 위해 20% 농축도 할 수 있다. 연구용 원자로를 위해 20%로 농축한 핵연료는 한국형 공격원잠의 원자로에 장전하는 핵연료가 될 수도 있다. 농축공장을 가짐으로써 우리는 '원잠의 자주화'도 이루게 되는 것이다.

농축공장이 있어야 무기급 농축도 해볼 수 있다. 절체절명의 순간 대한민국은 국제사회의 규제를 무시하고 핵무장을 한다는 꿈을 꿔볼 수 있는 것이다. 트럼프 대통령의 임기가 끝나기 전에 미국과 가성비 좋은 농축공장을 짓는 합의와 착공을 해야 한다. 대한민국의 핵주권 완성을 위하여 이재명 정부를 독려해야 한다.

대한민국 원자력의 양 날개는
농축과 재처리

프랑스의 라그 재처리공장에서 플루토늄을 추출하는 공정
[이정훈]

　원자로에 장전된 핵연료는 3년 남짓 핵분열한다. 그렇다면 3년마다 핵연료를 갈아줘야 하는데 그렇게 할 경우 3년 말이 되면 핵분열이 줄어 발전 효율이 크게 떨어진다. 때문에 매년 3분의 1씩 교체한다. 1년과 2년이 된 핵연료는 두고 3년이 된 핵연료만 꺼내 사용후핵연료로 돌리고 새 핵연료를 장전한다. 이렇게 해야 원자로에서는 3년 내내 비숫한 열이 나온다.

　원자로에 장전된 핵연료에서 우라늄 235는 중성자를 맞으면 쪼개져 큰 열과 중성자를 방출하지만, 우라늄 238은 중성자를 튕겨내는 경우가 일반적이다. 그러나 일부는 중성자를 흡수해 플루토늄이라는 새로운 핵분열 물질이 된다. 원자로 안에서의 이 플루토늄은 임계질량을 이룰 정도로 많진 않기에 핵분열은 하지 않는다.

플루토늄으로 만든 MOX 연료는 경제성이 없다

　사용후핵연료를 화학 처리하면 이러한 플루토늄을 추출해낼 수 있다. 화학적 처리로 플루토늄을 농축하는 것이다. 플루토늄의 순도가 90% 이상이 되도록 10kg인 임계질량 이상으로 모아내면, 이 플루토늄은 스스로 핵분열을 한다. 재처리로 만든 원폭이 되는 것인데 이를 '플루토늄탄'이라고 한다.

　임계질량을 이룬 고순도 플루토늄은 바로 핵분열을 하기에 플루토늄탄도 플루토늄을 임계질량 이하의 여러 개로 나누어 만든다. 작은 플루토늄들을 원폭 케이스 안에 분리해 놓았다가 원폭을 투하할 때 합쳐줌으로써, 임계질량을 이루어 핵분열을 하게 한다. 플루토늄탄이 임계질량을 이루는 법은 우라늄탄이 임계질량을 만드는 법보다는 복잡하다.

　이러한 플루토늄을 5% 정도로 농축한다면 다시 핵연료로 만들 수 있다. 농축으로 만든 핵연료에서 우라늄 235가 5%, 우라늄 238가 95% 이듯이, 재처리로 만든 핵연료에도 플루토늄이 5%, 우라늄 238이 95%를 이루게 한다. 이 연료를 '혼합산화물연료'로 번역하는 Mixed-Oxide Fuel, 줄여서 'MOX 연료'[1]로 부른다. 원자로에 장전한 MOX 연료에 중성자를 쏴주면 인위적인 핵분열이 일어난다.

그런데 MOX 연료의 품질은 좋지 않다. 원자로에 타고 나온 사용후 핵연료에서 추출한 우라늄 238과 플루토늄으로 만든 것이라 불순물이 있기 때문이다. 플루토늄을 추출하는 재처리는 쉽게 핵무기를 만들 수 있는 길이기에 MOX 연료 제작에는 많은 규제가 따른다. 이러한 규제 탓에 MOX 연료의 제작비는 농축 핵연료의 제작비보다 비싸다. 한마디로 가성비가 좋지 않다. MOX 연료는 일반 원자로에서 태우면 효율이 좋지 않다. 다소 특별한 원자로에 넣어야 하는데, 이 원자로의 가성비가 좋지 않다. 이래저래 MOX 연료는 시장 창출을 하지 못하고 있다.

재처리는 핵연료가 아니라 핵무기를 만들 때 효과적이다. 우라늄 235의 비율을 90% 이상으로 농축하려면 수많은 원심분리기를 오랫동안 돌려야 한다. 많은 전력을 쓰는 것이다. 그러나 화학적 방법으로 사용후핵연료를 재처리하면 짧은 시간에 적은 비용으로 많은 플루토늄을 얻을 수 있다. 원심분리기를 돌리지 않으니 다량의 전력도 필요하지 않다.

---

1) IAEA가 내놓은 『2001년판 안전조치 용어집(Safeguards Glossary 2001 Edition)』에 따르면 MOX 연료는 특수핵분열 가능물질로 분류된다.

재처리로 만든 플루토늄탄이 있어야 수폭 제조가 가능

플루토늄은 5% 정도로 농축한 발전용 핵연료보다는 20% 내외로 농축한 연구용 핵연료에서 더 잘 만들어진다.[2] 핵무기 보유국들은 연구용 원자로용 핵연료를 만들기 위해 20% 정도로 농축하는 농축공장을 반드시 운영한다. 이 핵연료가 사용후핵연료가 되면 재처리를 해 원폭플루토늄탄을 만들고 있다.

현대의 핵무기는 수폭이다. 수폭은 핵융합으로 에너지를 내는데, 핵융합을 하려면 '강한 열'이 있어야 한다. 핵융합을 위한 강력한 선제 폭발을 '기폭起爆'이라고 한다. 수폭은 엄청난 에너지를 받아야 핵융합을 하기에 기폭은 원폭으로 한다. 그런데 우라늄탄보다는 플루토늄탄을 만드는 것이 쉽기에, 수폭 제조국들은 플루토늄탄을 기폭용으로 사용한다.

수폭은 물론이고 원폭플루토늄탄을 만드는 가장 빠른 길이 사용후핵연료를 재처리해 플루토늄탄을 만드는 것이기에, 국제레짐은 사용후핵연료의 재처리를 엄격히 규제한다. 자르는 식으로 사용후핵연료의 형상을 바꾸는 것부터 금지한다. 재처리를 허용받은 나라는 절단 등으로 사용후핵연료의 형상을 바꾸는 것은 할 수 있지만, 플루토늄탄은 만들지

---

2) 월성1~4호기를 제외한 대한민국의 원자로는 전부 경수로이다. 월성 1~4호기는 중수로인데 중수로에서 나온 사용후핵연료에는 경수로의 사용후핵연료보다 많은 플루토늄이 생성돼 있다. 그러나 연구로의 사용후핵연료만큼은 아니다. 중수로에서 나온 사용후핵연료도 재처리해서 원폭을 만들 수 있는데 그렇게 한 나라가 인도였다. 대한민국도 박정희 정부 시절 중수로를 짓고 여기에서 나온 사용후핵연료를 재처리해 원폭을 만들려고 했다가 미국의 제재로 재처리를 포기한 바 있다.

못하도록 따라다니면서 감시를 당한다. 이렇게 어려운 것이 재처리의 용인인데, 대한민국은 이를 승인받았다.

본격적인 재처리가 아니라 '파이로프로세싱'만 한 대한민국

북한은 영변의 5MW 연구용 원자로에서 나온 사용후핵연료를 재처리해서 플루토늄탄과 수폭을 만들었다. 대한민국은 원전 강국인데도 그런 행위를 하지 않았기에, 2015년 맺은 한미원자력 협정에서 미국의 동의하에 한국은 재처리할 수 있게 되었다.[3] 이 협정에는 양국이 합의하는 경우 대한민국은 미국이 아닌 제 3국에서 재처리 기술을 이전받을 수 있다는 내용도 담겨 있다.[4]

대한민국은 조심스레 움직였다. 재처리에는 질산이라는 액체를 이용해서 하는 습식濕式과 질산을 쓰지 않고 하는 건식乾式이 있다. 보통의 재처리는 습식을 말한다. 대한민국은 과거 미국이 시도했다가 효율이

---

3) 제11조 (농축, 재처리 및 그 밖의 형상 또는 내용 변경)
　1. 이 협정에 따라 이전된 원료물질 또는 특수핵분열성물질의 재처리 또는 그 밖의 형상 또는 내용의 변경 또는 이 협정에 따라 이전된 모든 원료물질, 특수핵분열성물질, 감속재 물질, 또는 장비에 이용되었거나 이러한 물질 또는 장비의 이용을 통하여 생산된 원료물질 또는 특수핵분열성물질의 재처리 또는 그 밖의 형상 또는 내용의 변경은, 그러한 활동이 수행될 수 있는 시설에 관한 사항을 포함하여 당사자들이 서면으로 합의하는 경우에만 이루어질 수 있다.

4) 제7조 (핵물질, 감속재 물질, 장비 및 구성품의 이전)
　1. 핵물질, 감속재 물질, 장비 및 구성품은 이 협정에 합치되는 적용을 위하여 이전될 수 있다. 이 조의 제3항 및 제4항에 규정된 경우를 제외하고, 이 협정에 따라 이전되는 모든 특수핵분열성물질은 저농축우라늄이어야 한다. 주로 우라늄 농축, 핵연료 재처리, 중수 생산, 또는 플루토늄을 함유하는 핵연료 제조를 위하여 설계되거나 이용되는 모든 시설, 그리고 그러한 시설의 운영을 위하여 필수적인 모든 부품 또는 부품군은, 이 협정의 개정에 의하여 규정되는 경우 이 협정에 따라 이전될 수 있거나, 당사자들 간의 별도 협정에 따라 이전될 수 있다.

좋지 않아 생산화를 포기한 건식 재처리를 미국과 같이 해보자는 제의부터 했다. 그래야 본격적인 재처리인 습식으로 가는 승인이 나올 수 있다고 본 것이다.

미국은 미국이 버린 방법을 한국이 연구해 다른 길이 있는지 찾아보겠다고 했으니 '혹시나' 하는 기대 때문에 승인해 주었다. 그래서 한미 공동연구란 타이틀을 걸었지만 실제로는 한국이 거의 모든 것을 다 하는, 건식 재처리인 파이로프로세싱[5]을 연구할 수 있게 되었다.

앞에서 밝혔듯이 재처리에서 가장 중요한 것은 사용후핵연료의 형상을 바꾸는 '절단'이다. '시작이 반'이라고 사용후핵연료의 절단을 인정받으면 재처리의 50%는 한 셈이 된다. 미국은 원자력 종주국이라 도처에 대한민국의 원자력연구원이 갖추지 못한 실험실이 있다. 그러나 원자력공학이 죽었기에 대부분을 놀리고 있다.

우리는 이 연구실을 빌렸다. 그곳에서 사용후핵연료를 절단하고 핵물질을 꺼내 태우고, 전기분해로 플루토늄과 우라늄 238을 분리한 다음, 비율을 재조정해 핵연료로 만드는 연구를 하였다. 그리고 그 결과를 도출하였지만, 파이로프로세싱으로 사용후핵연료를 재처리하자고 주장하지 않았다.

---

5) 파이로프로세싱은 미국의 원자력연구소 중 하나인 아르곤(Argonne) 국립연구소에서 개발한 건식 재처리이다. 절단한 사용후핵연료에서 꺼낸 물질에 500~800℃의 열을 가해 불순물은 태워 버리고 핵물질은 녹인 다음 전기분해해 우라늄 238과 플루토늄을 분리해내는 것이었다. 습식 재처리에서는 플루토늄을 따로 긁어내야 하지만 이 방법에서는 긁어내지 않는다. 긁어낸 플루토늄을 모아 플루토늄탄을 만드는 공정으로 갈 수가 없어 주목을 받으나 경제성이 없다는 평가를 받았다.

‘경제성이 없다’는 판단이 나왔기 때문이다. 뒤에서 또 설명하겠지만 재처리 등으로 만든 핵연료에는 불순물이 있어, 순수 농축으로 만든 핵연료보다 효율이 좋지 않다. 유럽 냉전 종식 후 원전용 농축우라늄의 가격은 크게 떨어졌기에 재처리로 만든 핵연료가 창출할 시장은 거의 없었다. 파이로프로세싱 연구를 통해 대한민국은 미국과 국제레짐을 ‘속이지 않고’ 사용후핵연료를 재활용해보는 연구를 했다는 ‘실적’을 쌓았다. 실적이 있어야 다음 단계로 나아갈 수 있다. 미국 프랑스 등 핵무기 보유국이 하는 습식 재처리를 해볼 수 있다.

제대로 된 습식 재처리를 향하여

습식 재처리의 대표는 영국, 프랑스, 러시아 등이 하고 있는 Plutonium Uranium Reduction Extraction을 줄인 PUREX^{푸렉스}이다. 푸렉스는 절단한 사용후핵연료의 내용물을 질산에 넣고 녹여, 우라늄 238과 플루토늄 그리고 쓰레기를 분리한다. 쓰레기는 추출해 영구 처분하고 플루토늄과 우라늄 238은 핵분열하기 좋은 비율로 섞어 MOX 연료로 만든다.

파이로프로세싱은 고온으로 사용후핵연료 안에 있는 쓰레기를 태우는 것이기에 재 같은 불순물이 남는다. 파이로프로세싱으로 만든 핵연료의 효율이 좋지 않은 것은 그 때문이다. 푸렉스는 질산으로 녹인 다음 쓰레기를 분리하니 MOX 연료는, 파이로프로세싱으로 만든 핵연료보다는 효율이 좋다. 하지만 우라늄을 농축해서 만든 생^生 핵연료보다는 불순물이 많기에 효율이 떨어진다.

MOX 연료 제조 공장은 플루토늄탄 제조를 막기 위해 국제레짐이 요구한 숱한 규제 장비를 붙여 운영해야 한다. 이 장비의 설치비와 운영비가 MOX 연료 제조비에 추가된다. 그렇기 때문에 MOX 연료도 생生핵연료보다 경제성이 적어 보편적인 활용은 되지 않고 있다.

그럼에도 대한민국이 습식 재처리를 해야 하는 이유는 넘쳐나는 사용후핵연료 때문이다. 재처리는 농축과 함께 대한민국 원자력계가 반드시 가져야 할 양 날개다.

시급한 중간 저장시설과
고준위 처분장의 건설

한전원자력연료에서 제작한 핵연료 다발들
[이정훈]

사용후핵연료의 대부분은 핵물질을 싸고 있는 금속이다. 한전원자력연료(주)는 농축한 우라늄을 담배 필터와 크기와 모양이 비슷한 금속체인 '펠렛pellet'에 넣은 다음 이러한 펠렛 수십 개를 금속 원통인 '연료봉'에 채워 넣고 이 연료봉 수십 개를 격자 모양의 육면체로 묶어 '다발'을 만든다. 핵연료는 다발 상태로 원자로에 장전되기에 보통 말하는 핵연료는 '(핵연료) 다발'이다.

펠렛과 연료봉 그리고 다발을 이루는 금속을 제거하면 순수 핵물질의 양은 20% 이하로 떨어진다. 이 금속에서 방사성 물질을 닦아내는 '제염除染'을 하면 이 금속의 방사능 농도는 중준위 수준으로 떨어진다. 이 금속은 저장하기 좋은 육면체로 압착해 중준위 처분장에 넣어 버리면 된다. 반감기가 지나면 독성이 소멸했으니 꺼내 재활용해도 좋다. 방사능에 오염되었던 것이라 '찝찝하다면', 이 금속이 절실히 필요해질 때까지 두면 된다.[1]

그리고 푸렉스로 남은 핵물질을 재처리해 MOX 연료를 만들고 나면 쓰레기의 양은 핵물질의 20% 정도 남는다. 재활용할 이유가 없는 영원한 쓰레기는 전체 사용후핵연료로 보면 5% 남짓이다. 진짜 고준위 폐기물인데 이 폐기물은 방사선의 세기가 높고 제법 높은 열이 나오기에 '유리화'한다. 액체 상태로 녹인 유리에 넣고 액체 유리를 냉각해 굳혀 버리는 것이다.

이 쓰레기의 열은 유리를 녹이지 못하니 유리 안에 잡혀 있게 된다. 이렇게 유리화한 쓰레기를 반감기가 지날 때까지 충분하게 지하 깊숙한 영구 처분장에 넣어 생태계와 분리해 버린다.

제염한 금속체는 중준위이니 처분장에 넣었다가 반감기가 지나면

---

1) 그래서 이 금속체는 플루토늄 및 우라늄 238과 같이 재활용체가 된다.

다시 꺼내 쓰면 되지만, 이것은 고준위 폐기물이니 영원히 제거한다. 우리는 경주에 중준위 처분장을 지었다. 이곳에 제염한 금속체를 넣는다. 그러나 고준위 폐기장은 없다. 지금 필요한 것은 고준위 폐기물의 영구 처분장이다.

너무 비싸게 지은 경주방폐장, 이용법 재검토해야

대한민국은 2015년 '경주 방폐장'으로 부르는 중저준위 방사성폐기물 처분장을 지었다. 이곳을 KORAD^{Korea Radioactive Waste Agency}로 약칭되는 '한국원자력환경공단'이 관리하고 있다. 이 시설은 너무 잘 지어 문제이다. 중저준위 폐기물의 방사선 세기는 그리 높지 않고 반감기도 짧다. 대부분의 나라는 지상에 지은 건물에 보관한다.

그런데 대한민국은 중저준위 폐기물에 대한 국민의 잘못된 인식과 저항 때문에 단단한 암반을 파고 들어가 지하 80m 이하에 거대한 콘크리트 원통 창고를 만들어 보관하게 되었다. 이 창고의 바닥은 지하 135m까지 내려가 있다. 지하 135m에서부터 쌓기 시작한 폐기물이 지하 80m에 이르면 이 창고를 봉해 영원히 처분하기로 했다. 재처리 후 나오는 고준위 폐기물을 넣어도 될 듯한 비싼 시설을 지은 것이다.

깊은 지하에 만들었으니 당연히 운영비도 많이 들어간다. 이 비용이 고스란히 원전의 발전^{發電} 원가에 포함되고 있다. 대한민국의 원전 발전 단가가 높아진 이유 중의 하나가 바로 이것 때문이다. 이런 관점에서 본다면 경주 방폐장의 이용법 변경을 검토할 필요가 있다. 저준위 폐기물은 이 방폐장 안에 따로 지상 시설을 지어 그곳으로 옮기고, 지하 처분장은 재처리 후 나올 금속물 등 중준위 폐기물만 저장케 하는 것이다. 이렇게 하려면 재처리공장과 고준위 폐기물 영구 처분장은 경주 방폐장과 가까운 곳에 마련해야 한다는 판단이 나온다. 그래야 재처리공장에서 나온 중준위 금속 폐기물을 바로 경주 방폐장에 넣을 수 있기 때문이다. 폐기물은 그래도 위험한 것이니 가급적 이동 거리는 짧게, 사람들이 거의 없는 곳에서 운반하게 하는 것이 좋다.

경주 방폐장과 그 인근은 전국의 원전으로부터 중저준위 폐기물을 받기 위해 많은 투자가 이루어졌다. 고준위든 중저준위든 방사성 폐기물은 위험한 것이기에 '해상 이송'을 원칙으로 한다. 육상 운송을 하다가 사고나 테러를 당하면 방사성 폐기물이 누설될 수 있기 때문이다. 그렇다고 해상 운송이 100% 안전한 것은 아니다. 하지만 바다는 사람이 살지 않는 곳이라 피해가 적게 발생한다. 방사성폐기물이 바다에 빠질 수 있다는 것은 그나마 다행이다. 물은 가장 안전하고 보편적인 방사선 차폐물이기 때문이다. 각 원자로에서 사용후핵연료를 물이 담긴 임시 저수조에 넣어 보관하고 있다는 것에 주목해야 한다. 사용후핵연료를 포함한 고준위 방사성 물질은 수심 10m 이하에 들어가 있으면 수면 밖으론 거의 방사선을 내보내지 못한다. 사고와 테러 등 예상치 못한 경우에 대비하기 위해서라도 고준위 방폐장이나 중간 저장시설은 해상 운송이 가능한 바닷가에 지어야 한다.

경주 방폐장 앞에는 해송 운송을 위해 작은 부두인 물양장을 지어

놓았다. 경주 방폐장과 붙어 있는 월성원자력본부에서만 중저준위 폐기물을 육상으로 운송하고, 나머지 원자력본부는 선박으로 이 물양장으로 중저준위 폐기물을 보내는 것이다. 테러 세력이나 적의 침입을 막기 위해 경주방폐장 주변에는 삼엄한 보안 시설도 해놓았다. 이러한 시설이 고준위 처분장과 중간 저장시설을 지을 때도 필요하다. 경주는 이미 시설을 갖추고 있으니, 고준위 폐기물 영구 처분장을 지어도 된다는 지질학적 조건만 갖추고 있다면 가장 싸게 이 시설을 지을 수 있는 곳이된다.

그런데 중저준위 방폐장을 짓기 위한 공모를 할 때 우리는 중저준위 방폐장을 유치한 곳에는 고준위 방폐장을 짓지 않는다는 입법을 하였다.[2] 경주는 중간 저장시설과 고준위 처분장 공모에 응모할 수 없게 한것이다. 재처리를 추진하게 된 지금 이것이 은근히 문제가 되고 있다. 경주 방폐장 건설과 운영에 과도한 비용을 지출했는데, 고준위 처분장과 중간 저장시설을 짓기 위해 다른 곳을 골라 또 많은 투자를 한다면 비경제적이기 때문이다. 대한민국의 전기 요금만 계속 올라간다. 전기 요금이 오르면 수출품의 단가도 올라가 대한민국의 경쟁력은 떨어진다.

경주는 한국수력원자력의 본사가 들어옴으로써 원자력 메카로 발전하고 있다. 원자력 산업을 하기 위한 업체들이 몰려든 산업단지가만들어졌다. 차세대 SMR^{Small Modular Reactor, 소형 모듈원자로}과 그다음 세대의

---

2) 2005년 제정한 「중 · 저준위 방사성폐기물 처분시설의 유치지역 지원에 관한 특별법」의 '제18조사용후핵연료 관련 시설의 건설 제한과 「원자력안전법」 제2조의 제5호에 따른 사용후핵연료의 관련 시설은 유치지역에 건설하여서는 아니된다'가 근거. 사용후핵연료 관련 시설에 고준위 방폐장이 포함된다.

SMR이라는 MMR^{Micro Modular Reactor, 마아크로 모듈원자로3)} 그리고 핵융합 등을 연구하기 위해 한국원자력연구원도 경주에 문무대왕연구소를 지었다. 이 연구소는 재처리 방법을 연구할 수 있는 요건도 갖출 것이니 중간 저장시설과 고준위 처분장이 인접한 곳에 있어야 한다.

사용후핵연료 중간 저장시설과 고준위 처분장 건설을 위한 공모를 할 때 경주를 제외해야 할 지에 대해서는 다시 검토할 필요가 있다. 경주 시민들이 반대한다면 기존 법대로 공모에서 제외해야겠지만, 지질학적 조건을 갖추고 있다면 법 조항을 개정해서라도 중간 저장시설과 고준위 처분장 공모에 참여시켜야 한다.

늘어나는 사용후핵연료

미국으로부터 사용후핵연료 습식 재처리에 대한 동의를 받아내는 것과 별개로 우리가 빠르게 추진해야 하는 것이 중간 저장시설의 착공이다. 원전에는 각각의 원자로에서 나온 사용후핵연료를 냉각하며 보관하기 위해 '임시 저수조'를 지었고 건식 저장고를 추가한 곳도 있는데 이러한 저장시설의 용량은 10년 정도이다.

10년이 지나면 재처리공장으로 옮겨가 재처리를 해 쓰레기는 영구

---

3) 연구용 원자로가 대개 300MW급인데 SMR도 300MW이 될 전망이다. 그러나 SMR은 연구용 원자로보다 훨씬 작다. MMR은 10MW 정도의 출력을 내는 초소형 원자로이다. 선박을 비롯한 대형 구동체를 움직이는 데 쓰일 수 있다. 원자력잠수함의 구동체가 될 수 있는 것이다.

처분하고 나머지[4]는 재활용한다는 생각으로 그렇게 한 것인데, 첫 번째 원전인 고리 1호기를 운영한 지 50년이 다 되어가는 지금2026년도 우리는 재처리공장을 짓지 못하고 있다. 그러는 사이 사용후핵연료가 크게 늘어나 문제가 되고 있다.[5]

재처리를 하려면 전국에 있는 원전으로부터 사용후핵연료를 모아야 한다. 때문에 재처리공장 인근엔 이를 보관하는 중간 저장시설을 지어야 한다. 재처리공장은 미국의 동의가 있어야 지을 수 있지만 중간 저장시설은 단순한 저수조라 우리가 지으면 된다. 그런데 반핵운동가들의 선동으로 이것도 추진하지 못하고 있다.

우리는 지름길을 걷지 못하고 먼 길을 돌아서 온 나라이다. 원래의 계획은 중저준위와 고준위 처분장, 중간 저장시설 그리고 재처리공장을 한 곳에 짓기로 했으나 반핵운동 때문에 이를 분리하게 되었다. 경주를 선정하게 된 큰 이유는 가장 긴장도가 적은 중저준위 방폐장을 지하에 건설하는 혜택을 주는 조건으로 공모했기 때문이다.

경주 방폐장을 완공하면서 추진한 것이 2024년을 목표로 한 중간 저장시설 건설지의 결정이었다. 그런데 문재인 정권처럼 탈핵을 기치로

---

4) 나머지는 금속체도 포함된다. 제염(除染)을 한 금속체는 중저준위 보관장에 넣어 반감기를 넘기면 꺼내서 다 사용할 수 있다.

5) 우리는 한 사이트에 여러 기의 원전을 지었다. 때문에 오래전에 지은 원전에서 나와 오래 보관해 온 사용후핵연료는 새로 지은 원전의 임시 저수조로 옮기는 식으로 변통해 오고 있다. 2025년 12월 5일 한국수력원자력이 밝힌 바에 따르면 2025년 2분기 전국 원전의 사용후핵연료 포화율은 83.6%이다. 65만 3915 다발의 사용후핵연료를 저장할 수 있는데, 54만 6432 다발이 저장돼 있다고 한다.

한 정부가 들어서는 등 반핵의 물결이 높았기에 아무것도 하지 않았다. 그러는 사이 2025년 전체 원전의 사용후핵연료 임시 저수조의 포화율은 83.6%가 되었다. 2030년엔 100%에 이를 전망이다. 앞이 캄캄하게 된 것인데 트럼프의 농축공장 건설 제의처럼 희한한 일이 일어났다.

탄핵 정국 속에「고준위 방폐물 특별법」통과시켜

대한민국은 2024년 12월 3일 윤석열 당시 대통령이 발동했다가 다음 날 새벽에 취소한 계엄령 때문에 큰 정치 혼란에 빠졌다. 대통령 등 많은 요인이 탄핵 소추되면서 국정이 마비된 것이다. 이 혼란은 이재명 정권이 출범한 2025년 6월 4일 이후로도 이어졌다. 이재명 정권이 12·3 계엄을 내란으로 보고 수사와 재판을 이어갔기 때문이다. 이러한 와중에 국회가 큰 일을 하였다.

탄핵 소추된 윤석열 대통령의 탄핵 인용이 임박하던 2025년 2월 27일 여야 합의로「고준위 방사성폐기물 관리에 관한 특별법_{고준위 방폐물 특별법}」을 통과시킨 것이다. 그해 6월 4일 출범한 이재명 정부는 이 법에 대해 거부권을 행사하지 않았다. 2025년 10월 1일 시행에 들어간 이 법엔 2050년까지 중간 저장시설, 2060년까지 영구 처분시설을 건설하도록 노력해야 한다는 내용이 있다.[6]

---

6) 제17조 (고준위 방사성폐기물 관리 기본계획 등)
　① 위원회(고준위 방사성폐기물 관리위원회)는 고준위 방사성폐기물의 안전한 관리를 위하여 고준위 방사성폐기물 중간 저장시설은 2050년 이전, 고준위 방사성폐기물 처분시설은 2060년 이전에 운영을 개시할 수 있도록 노력하여야 한다.

　　고준위 방폐물을 영구 처분하려면 사용후핵연료를 재처리해야 한다. 그렇다면 대한민국은 재처리에 관한 법을 만들거나 이 법에서라도 재처리에 대한 정리를 해야 한다. 그러나 이 법에는 '재처리'는 물론이고 '처리'라는 단어도 나오지 않는다. 대한민국의 법률 중에서 '재처리'란 단어를 품고 있는 것은 하나도 없다. 그런데도 대한민국은 2060년까지 재처리를 해야 나오는 고준위 폐기물을 영구 처분하기 위한 처분장을 짓자고 했다.

　　재처리에 대한 언급 없이 고준위 방폐물 처분장과 중간 저장시설을 짓자고 한 것이 대한민국 원자력의 현주소이다. 한미원자력협정에 미국이 동의하면 대한민국은 재처리를 할 수 있다고 돼 있고, 파이로프로세싱 연구로 초보적인 재처리를 해봤는데도 과도하게 몸을 사리는 것이다. 30여 년간 원자력을 취재해 온 필자는 '한국 원자력인들은 너무 소심하다'고 본다. 이들은 정치인들이 열어준 공간이 있어야만 움직이는 속성을 보여왔다.

　　대한민국이 원자력을 하게 된 것은 이승만과 박정희 대통령이 만난을 무릅 쓰고 길을 열어줬기 때문이다. 원전 국산화를 한 것은 전두환 대통령이 기반을 만들어준 덕분이다. UAE에 원전을 수출하게 된 것은 이명박 대통령, 체코에 수출하게 된 것은 윤석열 대통령의 독려 탓이었다. 공학인은 공학인으로 있으려고만 하는 것이 문제다. '이 공학을 해야 대한민국이 부흥한다'는 주장은 감히 내놓지 못하는 것이다. 이러한 주장을 하려면 뱃심이 있어야 한다. 공학인을 넘어선 공학운동가가 나와야 하는데 그러한 이가 나오지 않고 있다. 원자력을 했다가 사고가 일어나면 책임을 져야 한다는 공학인다운 소심함 때문일 것이다.

모든 일에는 사고가 날 수밖에 없으니 사고의 위험성을 주장하는 것은 쉽다. 원자력을 하다가 반핵으로 돌아선 이들은 바로 운동가가 되는데, 원자력을 잡고 있는 이들은 운동가가 되지 못하는 것이 한국 원자력의 비극이다. 그래도 원자력 공학인들은 다른 분야의 공학인들보다는 적극적이었다. 반핵운동가와 싸우다 보니 정치인을 움직이기 위해 노력을 해온 탓이다. 내란 몰이 정국 속에서 국회가 고준위 특별법을 통과시킨 것은 정치인들이 원자력인들이 노력에 주목했다는 뜻이다. 그러나 이것으로는 부족하다. 앞으로는 원자력 산업계가 원자력을 이끌어 가야 한다. 산업에는 이익이 개입하기에 산업인들은 공학인보다 훨씬 더 강하게 정치인을 설득할 수 있다.

텅스텐을 채굴하던 상동읍 인근에 시험용 영구처분장 건설

강원특별자치도 영월군의 상동읍은 대한민국에서 인구가 가장 적은 읍이다. 영월군 자료에 따르면 2025년 10월 현재 상동읍의 인구는 1,006명이고 세대수는 699 가구였다. 1 가구당 인원수가 1.44명꼴이니 독거노인만 다수 살아가는 곳임을 짐작할 수 있다.

첩첩산중이었던 이곳에 대일항쟁기 시절 텅스텐중석 광산이 개발되면서 사람들이 몰려들었다. 1960년대까지 이곳에서 생산된 텅스텐은 대한민국의 주요 수출품이었기에, 정부는 '대한중석'이라는 공기업을

    01 | 농축과 재처리를 향하여

세워 광산을 운영하게 하였다. 1952년 재무부와 농림부의 고위 관료와 정치인들이 대한중석이 텅스텐 수출로 벌어들인 달러, 세칭 '중석불重石弗'을 가지고 무역업자와 결탁하여 비료와 양곡을 수입하면서 큰 이득을 챙긴 사건으로 물의를 일으켰다. 대한중석은 그 시절 대한민국을 대표하는 기업이었다.

1970년대 인구가 2만 4천여 명까지 증가했던 상동읍의 열기는 1980년대 후반 중국이 텅스텐을 헐값에 수출하면서 급격히 쇠락했다. 1992년 텅스텐 채굴을 중단하자 광부와 그 가족들이 떠나면서 빠르게 오지로 돌아갔다. 대한중석도 쇠락해 1994년 거평그룹으로 넘어갔다가 1998년 부도를 맞고 지금은 캐나다의 알몬티사 소유가 되었다.

고준위 방폐물 영구 처분장을 지으려면 지하에 건설된 고준위 방폐물 관리에 필요한 기술부터 개발해야 한다. 이를 위해서는 연구 시설부터 지어야 한다. 영월군 상동읍에서 조금 떨어진 곳에 태백시 철암동이 있다. 경주 방폐장을 운영하는 한국원자력환경공단KORAD이 그곳의 산속에 '고준위 방사성폐기물 연구용 지하연구시설Underground Research Laboratory, URL로 약칭'을 짓기로 하였다.

고준위 영구 처분장을 지으려면 땅속 깊은 곳까지 단단한 암반이 있어야 하는데 그곳을 시추해본 결과 적합한 곳으로 나온 것이다. 공단은 이곳 지하 500m에 연구시설을 만들어 관련 기술을 개발하고자 한다. 이런 점에서 태백이나 영월은 고준위 처분장 후보지와 중간 저장시설 후보지로 거론될 수 있다.

두 시설을 유치하는 지방자치단체는 정부로부터 막대한 지원을 받고, 매년 유입되는 사용후핵연료에 따른 수수료도 받는다. 대한민국이 원자력을 버리지 않는 한 이 시설은 계속 운영될 수밖에 없으므로, 이곳의 경제는 활성화된다. 그런데 태백과 영월은 바다에서 먼 산중이라는 것이 문제이다. 해상 수송을 한 사용후핵연료를 이곳으로 운반하려면 보안 시설을 갖춘 긴 도로를 지어야 한다.

그렇기 때문에 해안가에 단단한 지반을 갖춘 곳을 찾아 두 시설을 짓는 것이 훨씬 더 안전하고 경제적이라는 주장이 나온다. 그래야 원전 발전 단가의 상승도 낮출 수 있다고 설득할 수 있다. 조만간 대한민국은 사용후핵연료 중간 저장시설 선정을 위한 공모에 들어간다. 여기에 응모하려면 고준위 영구처분장을 지어도 좋을 정도의 단단한 암반을 갖춘 해안가가 핵심 조건이 될 가능성이 높다.

핵주기 완성을 향하여

이러한 시도와 함께 해야 할 일은 미국을 상대로 하는 재처리 용인 협상이다. 미국이 대한민국의 본격적인 재처리를 인정해 주면 중간 저장시설과 고준위 처분장의 지정과 건설은 빨라진다. 핵주기는 우라늄 광 채굴→선광[7] →정련[8] →농축→핵분열원자로 장전→재처리→MOX 연료

---

7) 채굴한 우라늄광석 중에서 우라늄이 많은 광석을 골라내는 것. 품위가 높은 우라늄 광석을 찾아내는 일이다.

8) 품위가 높은 우라늄광석에서 돌 등 불순물을 제거하고 우라늄만 추출해 내는 것

    01 | 농축과 재처리를 향하여

등으로 재활용하며 쓰레기는 영구 처분으로 이어지는 사이클이다. 이렇게만 된다면 대한민국은 핵주기의 90% 갖추게 된다.

2026년 현재 핵분열 하나만으로 원자력 강국이 된 것이 대한민국이다. 여기에 농축과 재처리, 재활용과 처분을 추가하자는 것이 대한민국의 대전략이 되어야 한다. DMZ 남쪽의 대한민국에는 좋은 우라늄 광산이 없기 때문에 채굴과 선광, 정련은 하지 못한다. 하지만 이북엔 품질 좋은 우라늄 광산이 있으니 완벽한 핵주기 완성을 위해서는 통일을 추진해야 한다.

핵주기를 완성해 원자력 발전을 강화하는 것이 우리에게는 살길이 된다. 대한민국 주변엔 핵무기를 가진 북한, 중국, 러시아가 있다. 이들이 핵무기로 위협한다면 우리는 핵능력이라도 갖추고 있어야 한다. 우리는 농축과 재처리 공장을 지어 핵주기 완성을 향해 나아갈 수밖에 없다.

농축과 재처리의 한·일이 있어야
북·중·러에 맞설 수 있다

농축과 재처리공장, 중저준위 처분장이 있는 롯카쇼무라와
중간 저장시설이 있는 무쓰는 바다에 면해 있고 같은 아오모리(靑森)현 소속이다.
[구글지도]

북한은 우리와 달리 평안북도 태천군과 황해북도 평산군 등에 품
질 좋은 우라늄 광산이 있다. 때문에 황해북도 평산군에 정련공장을,

     01 | 농축과 재처리를 향하여

'강선'으로도 불리는 평안남도 남포시 천리마구역의 '천리마제강연합기업소' 안에는 비밀 농축공장[1]을 지어 운영하고 있다. 강선의 농축공장에서는 우라늄탄용 고농축 우라늄을 생산하는 시설도 있는 것으로 보인다.

1962년경 북한은 소련으로부터 2MW급 연구용 원자로인 IRT-2000을 도입하였다. 여기에 들어가는 핵연료는 소련이 제공하고 관리했으므로 북한은 접근하지 못했다. 하지만 연구용 원자로에 대한 경험을 쌓았기에 1985년 스스로 5MW급 연구용 원자로를 제작했다.[2] 이 원자로는 북한이 만든 것이라 핵연료는 북한이 조달한 것으로 보인다. IRT-2000은 물론이고 5MW급 연구용 원자로는 오래되었기에 지금은 가동되지 않는다.

자력으로 핵주기 완성한 북한

소련과 동유럽 공산국가가 무너져 고난의 행군에 빠졌을 때 북한은 두 원자로가 있는 평북 영변의 방사화학실험실에서 5MW급 연구용 원자로에서 나온 사용후핵연료를 놓고 재처리에 들어갔다. 그리고

---

1) 북한은 2024년 10월 8일 밤 백령도에서 이륙한 한국군의 무인기가 천리마구역 상공을 지나 평양의 외무성과 국방성 청사 상공에 진입해 대북전단을 살포했다고 주장했다. 윤석열 대통령이 탄핵된 후 이뤄진 특검 수사에 한국 드론작전사령부는 윤 대통령의 지시로 이곳에 드론을 투입한 것이 밝혀졌다. 천리마구역엔 농축공장이 있기에 우리는 정찰과 심리전을 하고 이북은 발끈한 것으로 보인다. 강선 등은 2019년 하노이에서 열려 노딜로 끝난 미북 2차 정상회담 때 트럼프 미국 대통령이 김정은에게 폐쇄를 요구했던 곳이기도 하다.

2) 연구용 원자로 제작은 그렇게 어렵지 않다.

플루토늄탄을 만들어 2006년부터 2013년까지 세 차례 폭발시험을 하였다. 2016년 1월 16에는 고농축우라늄으로 만든 우라늄탄으로 4차, 2016년 9월 9일과 2017년 9월 3일에는 수소폭탄을 터뜨리는 5, 6차 핵시험을 하였다.

북한은 원폭과 수폭을 만들었는데 우리는 북한이 어느 곳에서 핵무기를 만드는지 특정하지 못하고 있다. 미국도 비슷한 것 같다. 북한은 대한민국을 겨냥한 중거리 탄도미사일은 물론이고 미국을 공격하는 대륙간 탄도미사일ICBM을 개발하고 탄두부에 핵탄두를 올려놓았다. 그러나 한·미는 북한이 어디에서 장거리 미사일을 생산하고, 이 미사일을 어디에 배치했다가 사용하려고 하는지 정확히 알지 못하고 있다.

때문에 북한과 핵전쟁이 일어난다면 '의심 지역' 전체를 폭격한다는 계획을 세워 놓았다. 우리는 큰 전쟁을 각오해야 한다. 북한은 정밀 타격 능력이 떨어지기에 북한도 위력이 큰 핵탄두를 단 미사일로 한미를 크게 공격하려고 한다. 이 문제로 한미는 미사일 방어 체계인 KAMD와 MD를 발전시키고 있다. 그러나 이것도 완벽히 북한 핵 위협을 없애지 못하기에 '대치'만 할 뿐이다. 북한 핵과 미국 핵으로 세력 균형을 잡아 '냉랭한 평화'를 유지하고 있다.

이는 미국과 소련의 세력균형을 연상시킨다. 미국과 소련은 상대는 물론이고 인류도 멸망시킬 수 있는 극한의 핵능력으로 상대를 겨냥해, 거꾸로 공격받지 않는 냉랭한 평화냉전를 유지하였다. 그리고 미국은 잠수함 발사 탄도미사일SLBM 전력을 크게 확충해 2격second strike 능력을 갖춤으로써 이 균형을 흔들었다. 핵무장을 한 영국과 프랑스도 힘을 보탰다. 미국은 MD의 전신인 SDI^{Strategic Defense Initiative, 전략방위구상}를 추진하여 또 한 번 소련을 흔들었다.

또한 1979년 복교한 중국을 자본주의 시장으로 잡아당겨 소련이 이끄는 공산 진영 분열에도 전력을 기울였다. 이러한 정치·군사적 대치와 함께 경제 봉쇄와 민주화 공작도 강하게 추진하였다. 그 결과 폴란드를 필두로 동유럽에서 봉기가 일어나자 이를 확산시켜 유럽 냉전을 종식하는 성과를 거두었다. 그러나 유럽 냉전 종식을 위해 잡아당겼던 중국이 성장하여 과거 소련과 같은 지위를 지니게 되면서 '신냉전' 시대가 왔다. 북한의 핵 위협에도 직면했다. 러시아도 우크라이나를 침공하며 다시 일어났다. 미국은 유럽에선 러시아, 동북아에서는 중국·북한·러시아와 다시 대결하게 된 것이다.

미·러가 대립하는 유럽에서는 핵을 가진 영·프가 미국을 지원하지만, 동북아에서는 핵을 가진 북·중·러가 한편이 돼 미국을 견제하고 있다. 이것이 큰 부담으로 작용하고 있기에 미국은 정상외교 등을 통해 일본과 한국이 영국과 프랑스와 같은 역할을 하기를 바란다.[3] 한·일은 핵

---

3) 2023년 8월 18일 미국 캠프데이비드에서 열린 한미일 정상회담이 이를 위한 대표적인 행사였다. '캠프데이비드 원칙'과 '캠프데이비드 정신'이라는 이름으로 '캠프데이비드 선언'이 발표된 이 회담에서는 '대한민국, 미합중국, 일본국 정상은 우리 공동의 이익과 안보에 영향을 미치는 지역적 도전, 도발, 그리고 위협에 대한 우리 정부의 대응을 조율하기 위하여, 각국 정부가 3자 차원에서 서로 신속하게 협의하도록 할 것을 공약한다. 이러한 협의를 통해, 우리는 정보를 공유하고, 메시지를 동조화하며, 대응조치를 조율하고자 한다. 우리 3국은 자국의 안보 이익 또는 주권을 수호하기 위한 모든 적절한 조치를 취할 자유를 보유한다. 이 공약은 한미 상호방위조약과 미일 상호협력 및 안전보장조약에서 비롯되는 공약들을 대체하거나 침해하지 않는다. 이 협의에 대한 공약은 국제법 또는 국내법 하에서 권리 또는 의무를 창설하는 것을 의도하지 않는다'는 한미일 간 협의에 대한 공약을 발표했다.

무장을 할 수는 없지만 핵능력은 갖출 수 있기 때문이다. 일본은 먼저 핵능력 구비를 실현하였다.

오키나와까지 잃고 처절했던 전후의 일본

1945년 핵폭탄을 맞고 항복했던 일본은 핵무기에 대해 남다른 감정을 품고 있다. 그 어떤 나라보다도 핵무기를 가지고 싶다는 열망이 강할 수 있다. 하지만 제2차 세계대전을 일으킨 전범戰犯국가이고 패전국가이기에 내색조차도 할 수 없다. 패전으로 일본은 식민지와 영토를 잃었다. 2차 대전은 물론이고 러일전쟁 이전부터 가지고 있었던 영토도 잃었다. 일본이 '북방영토'로 부르는 홋카이도 동북쪽에 있는 4개 섬과 오키나와 섬이 있는 류큐琉球 제도가 대표적이었다.

북방영토는 2차 대전 말기 일본을 침공한 소련군이 차지해 지금까지 러시아가 영유하고 있다. 오키나와가 있는 류큐 제도는 2차 대전 때 상륙해 그곳을 점령한 미국이 지배했다. 이중 훨씬 큰 것이 류큐 제도였다. 일본은 비약적인 경제 성장 덕분에 류큐 제도 수복과 핵능력을 갖추는 기회를 잡았다. 1950년대와 60년대 초고속 성장을 한 일본이 1968년 서독을 제치고 미국에 이어 국가 GDP 2위의 나라가 된 것이 변곡점이었다. 국가에서 가장 중요한 것은 잃은 영토의 수복이다. 주머니가 두둑해진 일본은 우익 정치인을 중심으로 미국령이 된 류큐 제도 반환에 집중하였다.

　　　　　　　　　　　　　　　　01 | 농축과 재처리를 향하여

제2차 세계대전 때 격전을 치르며 류큐 제도를 점령하였던 미국은 '미국 류큐민사청民事廳'으로 번역되는 US Civil Administration of Ryuku Islands약칭 USCAR를 만들어 그곳을 통치하였다. 일종의 군정軍政을 한 것이다. 이러한 류큐제도를 미국과 일본은 'mapped as separate Jurisdiction'으로 지정했는데, 이는 일본 법이 적용되지 않는 '(일본의) 치외법권 지대'란 뜻이다.

일본열도에서 류큐제도-대만으로 이어지는 섬들은 중국을 차지한 공산 세력이 태평양으로 나오는 것을 막는 그물 역할을 한다. 이 그물에서 류큐 제도는 '벼리' 같은 기능을 할 수 있기에 미국은 해병대를 비롯해 많은 부대를 이곳에 주둔시켰다. 때문에 오키나와가 중심이 된 류큐 제도에서는 엔이 아니라 달러가, 일본어가 아니라 영어가 통용되었다. 그곳에 사는 일본인류큐인들은 자유롭게 본토를 방문할 수 없었다. 미국 류큐민사청USCAR이 만든 출입관리통제정책entry-exit control policy에 따라 여행증명서인 Travel Certificate를 받아야 갈 수 있었다. 일본은 이를 '도항渡航증명서'로 불렀다. 도항증명서를 받은 특별한 오키나와인들은 본토를 방문할 수 있었지만, 본토로 이주할 수는 없었다. 이들은 미국의 관리를 받는 '미국 사람'이었기 때문이다. 이런 상황이다 보니 일본에서는 오키나와를 돌려받아야 한다는 여론이 강하게 일어났다.

비핵 3원칙으로 원자력 발전 토대 만든 사토 에이사쿠

목표를 달성하기 위해 일본 정부는 미국이 만든 유엔에 많은 분담

금을 내는 등 친미 정책을 펼쳤다. 그리고 일본을 항복시킨 원자력 기술의 자립을 추구하였다. 1950년대와 1960년대 일본은 비약적으로 원자력을 발전시켰지만 농축과 재처리는 하지 못하였기 때문에 핵주기를 만들고 핵능력을 확보하고자 하였다. 1967년 사토 에이사쿠佐藤榮作: 1901~1975[4] 일본 총리가 이 노력에 방점을 찍기 위해 '(일본은) 핵무기를 만들지도, 가지지도, 반입하지도 않는다'는 비핵 3원칙을 발표하였다. 이 원칙은 핵능력을 갖게 해달라는 속내를 말한 것이다.

그 덕분에 1968년 미국이 동의하면 일본은 농축과 재처리를 할 수 있다는 쪽으로 미일원자력협정을 개정하는 데 성공하였다. 그리고 1972년 류큐 제도에 대한 통치권을 돌려받는 '오키나와 반환'을 성사시켰다. 미일 관계가 좋았기에 연타석 홈런을 친 것이다.[5] 일본이 이러한 위세를 누리자 일본의 침략을 받았던 한국과 동남아 나라들은 일본이 재무장할 수 있다며 강한 우려를 표명하였다. 이를 의식한 듯 일본은 10여 년을 기다렸다가 천천히 원전 자주화를 추진하였다.

한국 등 주변국을 자극하지 않기 위해 조심스럽게 미국에 접근해 농축과 재처리를 해도 좋다는 동의를 받아낸 것이다. 일본은 1980년에

---

4) 1964년 11월부터 1972년 7월까지 7년 8개월간 일본의 제61·62·63대 내각총리대신을 지냈다. 이는 일본 역사에서 두 번째로 긴 총리 재임 기간이다. 가장 오래 총리를 한 이는 2012년 10월부터 2020년 8월까지 9년 10개월간 제97·98·99대 내각총리대신을 지낸 아베 신조(安倍晋三: 1954~2022)이다. 사토 에이사쿠의 친형이 기시 노부스케(岸信介: 1896~1987)인데, 그도 1957년 2월부터 1960년 7월까지 3년 5개월간 제56·57대 내각총리대신을 지냈다. 기시 노부스케는 본명은 사토 노부스케였는데 어릴 적 다른 집에 양자로 들어갔기에 기시 노부스케가 됐다. 이러한 기시 노부스케의 외증손자가 아베 신조이다. 사토 에이사쿠는 총리에서 물러난 다음인 1974년엔 피폭 국가의 지도자였는데도 핵을 포기한 비핵 3원칙을 발표했다는 이유로 노벨 평화상을 받는 영광도 누렸다.

5) 그러나 일본은 러시아로부터 북방영토를 돌려받는 데는 실패했다.

야 농축사업을 위해 '일본원연日本原燃 서비스'라는 회사를 만들어 원전 용 농축우라늄 시험 생산에 들어갔다. 1984년엔 본토인 혼슈本州섬 최 북단인 아오모리靑森현의 롯카쇼무라六ケ所村를 농축과 재처리, 처분장이 들어설 핵연료 사이클 입지로 결정하고 이듬해인 1985년 재처리와 처 분장 사업을 위해 '일본원연산업'이라는 회사를 만들었다.

일본원연은 바로 움직였다. 합법적으로 원심분리기를 도입해 롯카 쇼무라에서 본격적인 농축 공장 건설에 들어간 것이다. 미일원자력협정 에 따라 20%까지만 농축할 수 있는 공장을 1992년 3월 완공했다. 그해 4월엔 '일본원연산업'이 롯카쇼무라에 중저준위 방폐장을 착공하며 일 본 정부로부터 그곳에 고준위 방폐장을 지어도 좋다는 승인을 받아냈다.

그러나 그때의 세계정세는 일본에 유리하지 않았다. 1990년 독일 통일로 상징되는 동유럽 공산국가의 붕괴와 1991년 소련 붕괴로 유럽 냉전이 종식되자 미국이 세계적인 비핵화정책을 펼쳤기 때문이다. 미 국은 소련으로부터 독립한 우크라이나와 카자흐스탄 등이 자국에 배치 되었던 소련의 핵무기를 소련의 지위를 잇기로 한 러시아로 돌려보내 려고 했다.

유럽 냉전 종식으로 체제 위기를 느낀 북한은 핵무장을 시도하였 다. 이를 안 노태우 정부는 북한의 핵무장을 막기 위해 북한을 설득해 한반도 비핵화공동선언을 하는 데 성공하였다. 미국의 세계적인 비핵 화 정책으로 우리의 핵무장은 더 어려워졌으니 북한의 핵무장이라도 막고자 한 것이다. 북한의 속셈은 달랐다. 미국 등 국제 사회의 제재를 피하기 위해 동의해 주고, 비밀리에 핵무기를 개발해나갔다.

때문에 세계적인 비핵화 속에 우리만 비핵화공동선언을 지켜버린 바보가 됐다. 우리는 2015년 한미원자력협정을 개정하고도 농축과 재처리를 위해 이렇다고 할 노력을 하지 않았다. 같은 시절 일본은 핵능력 구비로 나아가[6] 황금기로 진입하였는데….

1990년대 짧았던 화양연화花樣年華

화양연화花樣年華: 꽃피는 시절을 이어가기 위해 1992년 7월 일본은 일본원연 서비스와 일본원연산업을 합병해 '일본원연주식회사Japan Nuclear Fuel Limited, JNFL'로 만들었다. 그리고 재처리공장의 건설과 고속증식로 개발, 고준위 처분장의 가동으로 압축되는 재처리 사업에 집중하였다.

사용후핵연료를 재처리해서 얻은 MOX 연료는 기존 원자로보다는 미래형 원자로인 고속증식로에서 태워야 좋다. 때문에 고속증식로 개발을 위한 시험로로 '몬주文殊'[7]를 만들었는데 발목이 잡히기 시작했다. 몬주가 자꾸 사고를 낸 것이다. 1985년 건설에 들어가 1994년부터 가동하게 된 몬주는 2010년과 2012년 등 여러 번 고장을 내 가동을 중지하였다. 그 와중인 2011년 동일본대지진에 따른 후쿠시마 사고도 겪었

---

6) 이러한 때 일본은 후쿠시마 사고를 당하게 된다.

7) 문수보살(文殊菩薩)에서 따온 이름이다. 우리의 동해를 바라보는 후쿠이현(福井) 쓰루가(敦賀)시에 지었다.

다. 몬주의 성공 가능성이 낮아지자 일본은 2016년 몬주의 폐로를 결정하고 2018년부터 폐로에 들어갔다. 몬주의 실패로 일본은 고속증식로 개발로 나아가지 못했다. 비슷한 시기 MOX 연료 사용을 위해 고속증식로 개발에 나섰던 유럽 나라들도 문제가 발생해 개발을 중단하였다.

재처리공장 건설도 지지부진해졌다. 고속증식로 개발이 불투명해졌고 후쿠시마 사고를 겪었기에 일본은 재처리공장 건설을 27번이나 중단시키며 30여 년을 끌게한 것이다. 「요미우리」 등 일본 언론은 2026년 말에야 롯카쇼무라에 재처리공장이 완공될 것 같다는 보도를 하고 있다.[8]

일본은 재처리 사업의 성공을 확신하고 재처리공장과 몬주 등을 지었었다. 먼저 이 사업을 추진한 프랑스 등 유럽 국가로부터 기술을 도입 사업도 강력히 추진했다. 기술 도입을 원활히 하려면 일본의 사용후핵연료를 이들에게 보내 재처리를 맡기는 것을 우선으로 봤기 때문이다. 이는 핵무기를 만들지 않고 투명하게 재처리를 한다는 증명도 되었다.

일본은 기술 도입을 조건으로 프랑스 등에 사용후핵연료를 보내 MOX 연료를 만들어 달라고 했다. 위탁을 받은 이들은 재처리 과정에서 플루토늄을 빼돌렸다는 오해를 받지 않기 위해 재처리의 결과로 나온 MOX 연료와 고준위 쓰레기를 그대로 일본에 돌려주었다. 고속증식

---

8) 일본은 롯카쇼무라에 지어놓은 우라늄 농축 공장도 안전 대책 강화를 이유로 2017년 가동을 중지시키고, 가동 재개를 5번 연기하다가 2023년에야 허가한 바 있다. 후쿠시마 사고 후 일본은 일시적으로 모든 원전의 가동을 중지시켰으니 핵연료 수급에 문제가 있어 이렇게 한 것으로 추정된다.

로를 짓지 못한 일본은 이 MOX 연료와 쓰레기를 특수 시설에 쌓아두게 되었다. 그러나 '50년간 저장'을 목표로 한 중간 저장시설 공사는 기어코 완공하였다.

아오모리현에는 롯카쇼무라의 북쪽에 '무쓰'라는 도시가 있다. 무쓰陸奥만에 면해 있는 무쓰는 시市이지만 인구는 5만 명도 되지 않는다. 무쓰와 롯카쇼무라의 중심지 사이 거리는 약 50km로 둘 사이에는 '요코하마정橫浜町'이라는 '읍'이 있다. 요코하마정을 사이에 두고 있지만 둘은 가까운 곳이다.

무쓰시는 아주 작은 면인 롯카쇼무라가 원자력 시설을 유치하여 성장하는 것을 보고 중간 저장시설 유치를 자원하여 선정이 되었다. 2011년 1월 일본은 무쓰에 중간 저장시설 공사를 시작하였는데 그해 3월 동일본 대지진으로 인한 후쿠시마 사고로 전면 중단을 하였다. 안전 점검을 끝낸 후 재개하여 2024년 완공하여 지금은 사용후핵연료를 받고 있다.

여전히 캄캄한 것은 고준위 처분장의 건설이다. 몬주의 실패가 초래한 고속증식로의 실패와 MOX 연료의 경제성 부족, 그리고 후쿠시마 사고의 여파 등으로 일본은 고준위 처분장을 결정하지 못하였다. 중저준위 처분장과 농축공장, 중간 저장시설은 확보하고 재처리공장은 확보 직전에 있지만, 고속증식로와 고준위 처분장은 미완으로 남아 있는 것이 일본 원자력의 현 주소이다.

대한민국의 아오모리현은 어디인가

아오모리현에 일본이 핵주기 단지를 만들었다는 것에 주목해야 한다. 일본의 원전은 전부 바다에 면해 있는데 롯카쇼무라와 무쓰도 바다에 접해 있으니, 일본 원전은 배로 사용후핵연료와 중저준위 폐기물을 보낼 수 있다. 무쓰와 롯카쇼무라 간의 거리는 약 50㎞이니 무쓰의 중간 저장시설에 있는 사용후핵연료는 육상 운송으로도 롯카쇼무라의 재처리공장으로 갈 수 있다.

원자력 관련 산업도 타 산업과 마찬가지로 '같이 있어야' 발전하기 쉽다. 함께 있으면 사고가 날 가능성은 높아지지만, 사고를 대처하는 방안이나 시스템도 발전할 수 있어 오히려 사고의 위험성은 줄어든다. 원자력 시설은 적과 테러 세력으로부터 보호를 받아야 하는 중요 보안 시설이다. 이를 위해 군경은 물론이고 소방대도 배치해야 하는데, 이들을 충분히 배치하려면 원자력 시설이 주변에 같이 있어야 한다. 그래야만 사고에 대비한 유관기관들도 관심을 가지고 적극적으로 안전 대책을 세울 수 있다.

미국으로부터 동의를 받아 농축과 재처리를 시작한 후 덫에 걸린 것이 일본이라면, 우리는 농축과 재처리는커녕 중저준위 처분장을 짓기도 전에 엎어졌다. 그리고도 반핵정권이 들어서는 바람에 더 늦어졌다. 미국이 농축과 재처리를 용인해 줄 가능성이 높아진 지금 우리는 일본의 실패를 거울삼아 경제적이면서도 빠른 길로 가야 한다.

대한민국 원전의 절반 정도가 경북에 있다. 2006년부터 2018년까지 3 연임했던 김관용 당시 경상북도 지사는 이 점에 주목해 경북에 원자력 클러스터를 만들자는 운동을 하였다. 후임인 이철우 지사는 이를 이어받았으나 문재인 정부가 탈핵정책을 추진하여 경북의 원자력 클러스터 운동은 탄력을 잃었다.

그러나 경북은 여전히 원자력의 메카가 될 수 있다. 강원도는 이북과 가깝지만 경북은 후방이다. 포항에는 가장 강력한 국가 기동군인 해병대 1사단이 있다. 경북은 한국수력원자력의 본사와 한국원자력연구원의 문무대왕연구소, 경주 방폐장이 있으니 농축과 재처리공장 중간 저장시설, 고준위 방폐장을 건설할 수 있는 최적의 장소일 수 있다.

좌파 정권도 대한민국에 기여하고 있다. 경주 방폐장을 만들게 한 것은 좌파인 노무현 정부 때다. 대한민국의 미사일 사거리를 제한했던 한미 미사일지침을 해제한 것은 문재인 정권이다. 윤석열 대통령이 탄핵되어 민주당이 권력을 잡은 국회가 고준위 방폐물 특별법을 제정하였다. 이재명 정부는 농축과 재처리, 그리고 원잠 건조를 미국으로부터 용인받았다. 좌파 정권이 일을 할 때 밀어붙여야 한다. 이것이 대한민국의 '운'이다.

유럽에서는 핵무력을 가진 영국과 프랑스가 미국과 같이 러시아를 견제한다며, 동북아에서는 핵능력을 가진 한국과 일본이 미국과 같이 북한·중국·러시아를 억제하여야 한다.

02

환경도 위한 원자력의 귀환

- 세계는 왜 '그린 뉴딜'이란 사이비 경제 주장에 속았는가
- 반핵 선동에서 살아남은 원전, 대신 유탄을 맞은 석탄발전
- '브룩필드'를 잡아 대한민국 원자력을 세계 최강으로
- AI 시대를 맞기 위한 최고의 방책은 '원전 민영화'

세계는 왜 '그린 뉴딜'이란
사이비 경제 주장에 속았는가

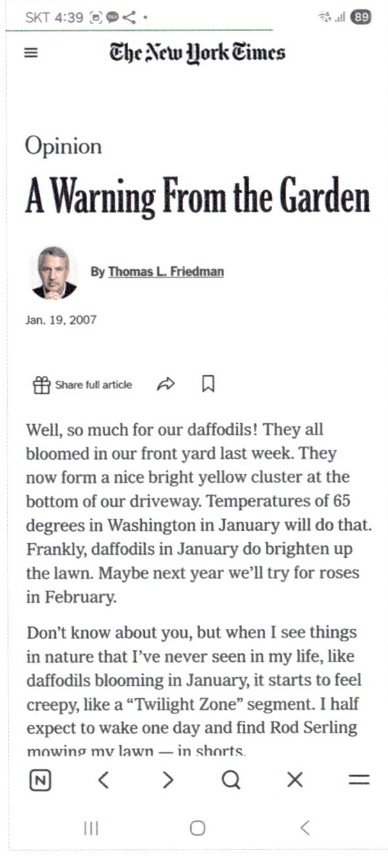

토머스 프리드먼이 2007년 1월 19일자 뉴욕타임스에 게재한
"정원으로부터의 경고(A Warning from the Garden)"가 '그린 뉴딜'이라는 허상을 만든 주범이다.

환경과 에너지 가운데 어느 것이 더 중요할까? 광의廣義의 환경은 자연환경인데, 우주와 지구가 만들어준 자연환경이 없으면 만물은 살 수가 없다. 그래서 자연환경은 '주어진 것'이 된다. 자연환경은 조물주나 천지기운에 가까운 것이라 만물은 그 속에서 살아갈 뿐이다. 자연환경을 가꾸거나 망칠 수는 있어도 창조하거나 없앨 수는 없다. 좋은 환경과 나쁜 환경은 있어도 환경이 없는 경우는 생각할 필요가 없는 것이다.

자연환경으로 식량을 포함한 에너지가 생겨났다. 에너지는 넘칠 수도, 부족할 수도 있는 상황이 존재한다. 에너지가 부족하면 생물은 감소하며, 아예 공급되지 않으면 생물은 생존하기 어려워진다. 생물에게 에너지가 사라진다는 것은 지구환경이 죽는 것과 같다.

강한 에너지를 찾아낸 덕분에 발전한 인류 문명

자연환경은 존재하는데 에너지가 고갈되는 경우는 종종 있었다. 그런데 에너지는 자연환경과 달리 찾아내고 관리할 수 있다. 기존의 에너지를 늘이는 '증식'과 새 에너지를 찾아내는 '탐구'를 할 수 있는 것이다. 증식과 탐구를 '창조'로 본다면, 에너지는 창조할 수 있는 존재가 된다. 에너지를 증식하고 새로운 자원을 발굴하기 위해서는 자연환경을 개발해야 하는데, 자연환경 개발은 인류의 전유물이다.

대부분의 척추동물은 '수평'으로 된 척추 끝에 무거운 머리를 달고 있어, 목뼈와 목 근육이 강성하다. 무거운 머리 때문에 목뼈와 목 근육은 항상 힘을 쓰고 있기에, 그만큼 뇌로 가는 혈류가 줄어든다. 반면 인류는 무거운 머리를 '수직'의 척추 위에 올려놓았으니, '머리 무게'에 대한 부담이 적었다. 상대적으로 많은 혈류를 뇌로 보낼 수 있게 되어 현명해진 뇌를 갖게 되었다. 직립한 까닭에 '높고 넓은' 시야도 가졌다. 좋은 시야와 똑똑한 뇌는 훌륭한 판단을 하게 했다.

직립을 하였기에 감각기관만큼 정교히 움직이는 손가락이 달린 손도 가졌다. 덕분에 '불'을 다루고 치수治水도 할 수 있게 되었다. 물·불을 다룰 줄 알면 자연환경에 적응해 살아가는 다른 동·식물보다 우월해질 수 있다. 이런 영향으로 인류는 강한 힘을 가진 동물보다 혹독한 자연환경을 더 잘 이겨내며 구석기시대를 살아낼 수 있었다. 그리고 초보적인 농업과 축산업 등을 하며 식량에너지 생산을 비약적으로 늘렸기에농업혁명과 축산업혁명 원시 가족제도와 원시 사회제도 등을 갖춘 신석기시대를 맞았다.

초목草木을 태워 불을 만들던 인류는 풍로 등을 이용해 석탄이라고 하는 '돌'을 태우는 법도 찾아냈다. 더 높은 열을 얻는 에너지를 발견해낸 것인데, 그 에너지 덕분에 다른 돌에 섞여 있는 광물을 녹여내고, 녹은 광물을 식혀 원하는 도구를 만들 수 있다는 것을 알아냈다. 청동기와 철기 등을 만드는 금속기 시대를 연 것이다.

'무력을 갖춘 사회'인 국가를 만들어낸 금속기 시대, 인류는 우마牛馬보다 훨씬 더 강한 힘을 내는 증기를 다루는 법을 찾아내 공업을 크게 일으켰다. 산업혁명을 한 것이다. 석탄보다 더 높은 온도를 내는 '액체'

69　　　　　　　　　　　　　　　　　　　　

인 석유를 활용하는 법도 찾아내 더욱 발전한 산업사회를 열었다.

새 시대는 저절로 열리지 않았다. 초목을 에너지원으로 쓰다가 '돌'인 석탄과 '액체'인 석유를 덧붙이며 새 시대를 맞았다. 새 에너지 때문에 생산량이 폭증한 것이 새로운 문명 시대를 연 동인動因이었다. 초목과 석탄, 석유는 산소가 있어야 타는데 인류는 산소 없이 핵분열로 어마어마한 열을 내는 원자력도 찾아냈다. 이전과는 '전혀 다르게 타는' 에너지원을 구해낸 것이다.

핵융합도 발견했다. 태양의 핵융합은 지구에서 가장 많은 에너지를 공급하고 있는데, 지상에서도 초보적인 핵융합을 할 수 있는 단계로 들어선 것이다. 태양은 에너지의 근원인데 인간은 궁극의 에너지에 접근하게 된 것이다. 하지만 '에너지의 근원'으로 다가가는 것은 두려운 미래와도 직면해야 하는 일이 된다.

수폭이라고 하는 핵융합 무기를 모두 사용하는 사상 최대의 전쟁을 한다면 인류는 전멸하거나, 피해를 입고 어렵게 살아남은 이들에 의해 상상도 하지 못한 방향으로 진화할 수 있다.

그렇다면 에너지를 잘 사용해야 한다. 강력한 에너지를 잘못 사용해 파멸할 것이 아니라 그 에너지를 잘 사용해 생존을 해야 한다. 기본적인 생존이 아니라 발전하는 생존을 이루어야 한다. 발전하려면 자연환경을 개선해야 한다. 그러기 위해서는 좋은 에너지가 있어야 한다. 자연도 에너지를 먹고 자라기 때문이다.

지구 온실효과를 만드는 최대 주범은 수증기

수많은 일이 '다수 사람의 인식認識'에 의해 비롯된다. 환경이 이슈인 것은 '환경이 중요하다'고 인식한 사람이 급증한 탓이다. 환경을 결정짓는 벼리가 기후다. 기후가 변하면 자연식생이 바뀌고 농업과 축산업, 수산업 등 식량산업이 변모하고, 의식주와 환경이 바뀌어 인류의 삶도 변한다.

인류는 지금의 기후가 만든 자연환경에 적응해 살고 있는데 갑자기 기후와 환경이 변하면 생존이 어려워질 수 있다. 이런 인식을 가진 이들은 에너지의 과다한 사용과 잘못된 사용이 기후를 변하게 한다고 보았다. 따라서 환경을 지키기 위해서는 에너지의 사용을 통제해야 한다고 주장했다.

전운戰雲이 돌았던 냉전 시기에는 생존이 중요하였기에 각국은 에너지 확보에 집중하였다. 1991년 유럽 냉전이 끝나 세계적인 평화가 오자 환경 과학자와 '그린피스' 같은 환경운동가의 목소리가 높아졌다. 유럽 냉전 종식은 이들에게도 해방이었다. 이들은 공산 진영이 아닌 '자유진영 안에서 좌파'의 역할을 하게 되었다.

이들은 각국이 생존과 승리를 위한 개발에 치중하면서 화석연료 사용을 늘렸기에 지구 표면의 온도가 올라갔다고 주장하였다. 에너지의 과사용과 잘못된 사용으로 태양 복사열을 가두는 가스가 늘어나 지구 표면의 온도가 올라간 것을 '온실효과' 또는 '지구 온난화'로 표현하였다. 인류를 위하는 듯한 이 주장에 많은 사람이 동조하였다. '자유 진영 안의 좌파'에 동조하는 인류가 늘어난 것이다. 유엔은 좌우를 포괄하는 세계 기구를 지향하는데 '인류를 위한다'는 이 주장을 세계 기구가 마다할 이유가 없었다. 환경 문제를 다루는 세계기상기구WMO와 유엔환경계획UNEP이 냉전 때인 1985년 이산화탄소를 온난화의 주범이라고 선언하였다.

그러나 온실효과를 만드는 압도적인 요인은 수증기이다. 수증기가 지구 온실효과에 기여하는 비율은 72%이고 이산화탄소는 9%, 메탄은 4%, 오존은 3%이다. 수증기의 온실효과는 실내 욕탕과 노천 욕탕을 비교하면 바로 이해된다. 수증기가 빠져나가지 못하는 실내 욕탕이 훨씬 후덥지근하기 때문이다. 이렇게 수증기는 욕탕에서 나오는 열을 잡아주는 역할을 한다.

자연에서는 대양大洋에서 발생한 수증기가 이 역할을 한다. 지구 표면의 70%가량을 바다가 덮고 있는데 이러한 바다에서 어마어마한 수증기가 발생한다. 이 현상은 여름철에 특히 심해진다. 바람 없는 여름날 바닷가에 가면 유난히 후덥지근한 것은 이 때문이다. 하늘로 올라간 수증기가 냉각되면 비가 되어 쏟아지는 것이 자연의 섭리이다. 뜨거운 여름철 달구어진 태평양에서 발생한 대단한 양의 수증기가 상승기류를 타고 올라갔다가 밀도가 높아지면 엄청난 폭우를 동반한 태풍이 된다는 것은 잘 알려진 사실이다. 만물은 이러한 비에 의존해 생존한다. 대양이 조성하는 엄청난 수증기는 통제할 수가 없다. 이 수증기가 만드는 비는 생명의 근원이기도 하다. 그래서 수증기는 지구 온난화의 주범인데도 '쏙' 빼고 큰 차이로 2위를 기록한 이산화탄소를 지목했다. 산업 혁명 이후 인류는 화석에너지의 사용을 늘려 왔으니 그로 인해 지구 표면의 온도도 올라갔다고 몰아간 것이다.

국제정치가 만들어 간 온실효과

남·북한을 막론하고 우리는 국제정치에 취약하다. 미·소 냉전이 치열해진 1948년 남쪽의 우리는 4·3과 여순사건을 치르더니 1950년 6·25 전쟁에 들어갔다. 소련 등 공산 세력의 영향을 받은 남로당과 북로당이 준동해 피를 보게 된 것이다. 유럽 냉전 종식 후 미국은 카자흐스탄 등 소련을 구성했던 나라들이 갖게 된 핵무기를 러시아로 보내게 하려고 세계적인 비핵화 정책을 추진하였다. 그때 대한민국은 자체 핵무장이 어렵다고 판단해 북한의 핵무장을 막으려고 한반도 비핵화 공동선언을 채택하였다.

유럽 냉전 종식으로 인류의 관심은 생존에서 '삶의 질'로 옮겨갔다. 환경에 대한 관심이 높아진 것이다. 화석에너지의 과사용에 대한 경고가 많아지자, 유럽 냉전 종식 1년 뒤인 1992년 6월 유엔환경계획이 중심이 된 유엔이 브라질의 리우데자네이루에서 지구 온난화 방지 총회를 열었다. 국제정치에 민감한 대한민국을 비롯한 거의 모든 나라가 참석하였 다. 이 총회에서 '기후변화에 관한 유엔 기본협약UN Framework Convention on Climate Change, 약칭 기후변화협약'이 채택됐다.

02 | 환경도 위한 원자력의 귀환

　국제적인 약속을 지키게 하려면 각국 의회가 동의하는 비준批准 절차를 밟게 해야 한다. 154개국이 서명한 이 협약은 50개국이 비준하면 국제법으로 효력을 발휘할 수 있게 했는데, 1994년 3월 50개국이 비준하여 효력을 발휘하게 되었다. 우리나라는 1993년 비준을 했다.

　그러나 이 협약은 환경 보호에 대한 각국의 의지를 확인하는 선언적인 것이라 구속력이 없었다. 이에 따라 구체적인 행동 방향을 정하는 의정서를 만들기로 하였다. 5년 뒤인 1997년 12월 일본 교토에서 열린 이 총회에서 "이산화탄소를 비롯한 여섯 종류의 온실가스 배출을 줄이고, 배출량을 줄이지 않는 국가에 대해서는 비관세 장벽을 적용하기로 한다"는 내용이 담긴 '기후변화에 관한 UN 교토의정서Kyoto Protocol to the UN Framework Convention on Climate Change, 약칭 교토의정서'가 채택되었다.

　교토의정서도 50개국 비준을 조건으로 내걸었다. 대한민국은 2002년 의정서를 비준했다. 2005년 러시아의 비준으로 교토의정서는 국제법으로 효력이 발효하게 되었다. 국제정치에 민감한 북한은 이때 핵무기 개발에 전력을 쏟고 있었다. 즉 국제적인 환경 공조를 무시했기 때문에 처음부터 이 회의에 참여하지 않았다. 그렇게 북한은 국제정치에 대응했다.

　교토의정서 체결 시 대한민국은 선진국에 막 진입한 상태였다. 선진국 클럽이라고 하는 OECD에 가입한 것은 1996년이었다. 지금도 그렇지만 그때 우리는 제조업의 비중이 매우 컸다. 비약적인 산업 발전을 하고 있었으니 국가 규모에 비해 온실가스의 배출이 많았다. 2010년이 오면 세계 10위의 경제국가와 함께 이산화탄소 배출 9위 국가가 될 가능성이 높았다.

이런 상황에서 정부는 온실가스 감축에 남다른 노력을 기울였다. 1980~90년대 학생운동을 하던 세력 중 일부도 환경운동으로 진출하면서 큰 힘을 쓰기 시작하였다. 좌우를 가리지 않고 이에 동조하는 국민이 많았기에 정부는 환경을 더욱 중시하게 되었다.

1992년 브라질의 리우데자네이루 회의에서 채택한 '기후변화협약'은 개발도상국의 기후 회복력을 지원하기 위해 '녹색기후기금Green Climate Fund, GCF'을 만들기로 하였다. 이명박 정부는 녹색기후기금 사무국 유치에 총력을 다한 끝에 2012년 인천 송도로 가져오는데 성공하였다. 그 뒤를 이은 박근혜 정부도 환경 문제에 적극성을 보였다. 국제에너지기구IEA의 조사에서 대한민국은 2010년 온실가스 배출 세계 7위 국가가 되었기 때문이다. 9위가 될 것으로 봤는데 7위가 된 것은 그만큼 경제성장이 빨랐고 화석에너지의 사용이 많았던 탓으로 이해되었다. 박근혜 정부는 2015년 6월 산업계의 반대를 무릅쓰고 '온실가스 감축 목표'를 2030년 배출 전망치BAU 대비 25.7%에서 37%로 높인다고 결정하였다.

그러나 중국과 더불어 온실가스를 가장 많이 배출하는 미국은 다른 결정을 하였다. 1992년 클린턴 대통령민주당이 이끌었던 미국은 리우데자네이루 회의에 참여해 기후변화협약 채택에 서명하는 적극성을 보였지만, 미국 의회에서는 비준을 거부하는 의견이 많았다. 결국 클린턴 대통령은 이 협약에 대한 의회의 비준을 받지 못하고 퇴임하였다.

그의 뒤를 이은 조지 W. 부시 대통령공화당이 물줄기를 바꿨다. 2001년 3월 "교토의정서 식으로 온실가스 배출을 줄이면 세계 경제가 퇴보한다"며 교토의정서 비준을 거부한 것이다. 미국은 기후변화협약과 교토의정서의 비준을 모두 하지 않았다.

'일자리 창출'이란 거짓 신화를 만들어낸 그린 뉴딜

토머스 프리드먼Thomas L. Friedman, 1953년생은 뉴욕타임스 등에 국제관계 칼럼을 쓰는 '자유 진영 내의 좌파' 언론인이다. 조지 W. 부시 대통령 시절인 2007년 1월 19일 그가 뉴욕타임스에 '정원으로부터의 경고A Warning From the Garden'란 제목의 칼럼을 발표하였다. 이 칼럼에서 그는 '화석연료를 사용하는 곳에는 과한 세금을 부과하고 온실가스를 배출하지 않는 재생에너지 산업에는 인센티브를 계속 제공하자. 재생에너지 산업을 키우면 새로운 일자리가 배출되어 경제가 발전한다'며 '그린 뉴딜Green New Deal' 개념을 제시하였다.

이를 그해 대통령 선거에 출마한 오바마 후보가 공약으로 받아들였다. 오바마는 '10년간 1,500억 달러를 투자하는 그린 뉴딜을 펼쳐 500만 개의 친환경 일자리Green Job를 창출하겠다. 2030년까지 미국을 탄소 순純배출 제로넷 제로 사회로 만들겠다'고 선언하였다. 오바마는 미국 대통령에 취임하고 난 다음인 2008년 10월 유엔환경계획이 일자리를 창출하고 기후변화를 억제하기 위한 그린 뉴딜 이니셔티브를 발표하였다.

오바마 정부와 유엔이 장단을 맞추자, 화석에서 재생으로 에너지 전환을 하면 기후변화를 억제하면서 경제가 발전한다는 인식이 만들어졌다. 그린 뉴딜을 하면 새로운 일자리가 창출된다는 신화가 창조된 것이다. 그러나 이는 검증되지 않은 주장이었다. 프리드만도 그럴 것이라고 상상한 것이지 과학적인 증거를 제시하며 주장하지는 못했었다.

온실가스를 '탄소'로 통칭하는데, 한 나라의 탄소 배출량과 숲이 광합성을 통해 흡수하는 탄소의 양이 같으면, 그 나라의 탄소는 더 이상 늘어나지 않는다. 이를 '넷 제로Net Zero'나 '탄소 중립'이라고 한다. 개발도상국은 미국과 같이 행동하기 어렵다. 때문에 유엔은 미국보다 늦은 2050년 전 세계는 넷 제로를 하자는 목표를 제시하였다.

오바마 재임 때인 2015년 12월 유엔이 프랑스의 파리에서 기후변화 회의를 열고 각국별로 온실가스 감축 의무를 부과한다는 내용이 담긴 '파리협정Paris Agreement, 약칭 파리협정'을 채택하였다. 이 회의에 참석한 미국은 협정 채택에 동의한다며 서명하였다. 오바마 정부는 녹색기금에 30억 달러를 투자하겠다는 발표도 하는 등 적극성을 보였다.

파리협정도 50개국이 비준해야 효력을 발휘하기로 했다. 그런데 미국 의회에는 이 협정에 반대하는 이가 많았다. 석탄 생산이 많아 석탄을 소비해야만 하는 주를 대표하는 의원들과 공화당 의원들이 강하게 반대한 것이다. 의회의 비준을 받기 어렵다고 판단한 오바마는 이 목표를 달성하기 위한 국가정책을 마련하였다. 그린 뉴딜로 미국 경제를 증흥 시킨다는 '청정발전계획Clean Power Plan'을 만들게 하고 2014년 이 계획을 추진한다는 행정명령에 서명하였다. 그 즉시 석탄 등 화석에너지를 생산하는 업체 등이 제소하였다. 2016년 미국 연방대법원은 5대 4로 이 행정명령의 효력을 정지하는 결정을 내렸다.

의회의 비준을 받지 않고 파리협정이 요구하는 사항을 하려고 했던 오바마의 꿈은 무산된 것이다. 오바마는 교토의정서도 파리협약도 의회로부터 비준받지 못했고, 청정발전계획도 역시 집행하지 못하고 퇴임하였다.

클린턴→부시→오바마→트럼프→바이든→트럼프로 왔다 갔다

그럼에도 불구하고 파리협정은 2016년 50개국이 비준하였기에 국제법으로 발효되었다. 대한민국도 2016년 이 협정을 비준하였다. 하지만 파리협정은 지키지 않은 나라를 처벌할 수 없다는 치명적인 허점을 안고 있다. 지키지 않았을 때 처벌할 수 없다는 것은 국제법의 숙명적인 약점이다.

B국과 상호방위조약을 맺고 있는 A국이 C국의 침략을 받았다. 그 즉시 A국은 B국에 "상호방위조약에 따라 C국과의 전쟁에 참전해 달라"라고 했는데, B국이 참전하지 않으면 어떻게 할 것인가? 조약을 지키지 않았다고 B국을 칠 것인가? B국을 친다면 A국은 C국은 물론 B국

과도 싸워야 하는 것인데, 동시에 두 적과 싸우는 것은 패전의 지름길이다. 군사학에서는 '동시에 두 개의 전쟁을 하지 말라'는 '양면전쟁 금지'를 원칙으로 삼고 있다.

이런 상황에 처해질 것 같다면, A국은 B국에 대한 보복은 C국과의 전쟁에서 승리한 뒤로 미루어 놓고 C국과의 전쟁에 집중해야 한다. 그런데 B국도 바보는 아니니 'A국이 C국을 이기면 자국을 칠 수 있다'고 생각할 수 있다. 따라서 B국은 A국의 반격으로 위기에 처한 C국을 위해 A국을 치는 전쟁을 할 수도 있다.

이런 상황이 두렵다면 A국은 상호방위조약을 지키지 않은 B국에 전혀 불만이 없다는 뜻을 전하며 C국과의 전쟁에 홀로 집중해야 한다는 부담을 지게 된다. B국은 국제법인 상호방위조약을 어겼음에도 오히려 유리한 지위를 차지하게 되는 것이다. 지키지 않았을 때 처벌할 수 없다는 문제 때문에 국제법에 참여한 나라들은, 회원국들에게 이를 지키는 자국 법령을 만들게 한다. 파리협정에도 '이 협정을 비준한 나라는 줄일 온실가스의 양을 정해 유엔에 보고하고, 이 목표 달성을 위한 국내 법령을 만들 것'을 요구하는 내용이 들어갔다.

이를 위해 유엔은 '국가별 자발 감축 기여Nationally Determined Contribution, NDC'라는 항목을 만들었다. 이 협정을 비준한 나라는 유엔에 줄일 탄소량자발 감축 기여을 보고하고 이 목표를 이루기 위한 노력을 하라며 이 항목을 만들었다. 파리협약에 대한 의회의 비준을 받기 어렵게 된 오바마는 의회의 비준 없이 이 목표를 달성하려고 청정발전계획을 만들었는데,

대법원은 이 계획의 집행을 정지시켰다.

2017년 오바마를 이어 취임한 트럼프 대통령공화당이 쐐기를 박았다. "파리협정은 미국에 불공평하며 미국민들에게 손해를 준다"며 이 협정 탈퇴를 결정한 행정명령에 서명한 것이다. 4년 뒤인 2021년 1월 집권한 바이든 대통령민주당은 이 협약 복귀를 위한 행정명령에 서명했으나, 그 4년 뒤인 2025년 1월 재집권한 트럼프는 취임 첫날 이 협정 탈퇴를 결정한 행정명령에 서명하였다. 미국은 파리협정에 대해 '왔다 갔다'를 한 것이다.

지금트럼프 2기 정부 시절의 미국은 파리협약을 탈퇴한 상태로 있다. 미국은 패권 국가이니 국제정치에 휘둘리지 않는다. 미국 행정부는 집권당에 따라 '왔다 갔다' 했지만, 의회는 일관되게 비준을 거부하였다.

미국은 50개의 나라가 모인 국가 연합이라 대통령보다 이 국가를 대표한 이들로 구성된 상원의 의견이 더 중요하다. 국가 연합인 미국이 참여하고자 하는 국제법에 대한 비준은 50개 국가를 대표한 이들로 구성된 상원이 한다. 미국 상원은 명분론을 택하지 않고 과감하게 국익을 위한 결정을 한 것이다.

이명박→박근혜→문재인→윤석열→이재명, 일관된 길을 걸은 한국

대한민국은 미국과 달리 좌우를 막론하고 일관된 노선을 걸었다.

녹색기후기금 사무국 유치에 성공한 2012년 이명박 정부의 국회는 여야 합의로 '온실가스 배출권의 할당 및 거래에 관한 법률'를 만들었다. 그린 뉴딜로 녹색성장을 해보겠다는 준비를 한 것이다.

이 법으로 대한민국 기업들은 국가가 정한 온실가스의 감축 목표를 이루기 위해 탄소를 배출할 수 있는 권리를 거래할 수 있게 되었다. 그런데 탄소를 할당량보다 적게 배출하는 기업은 없다. 탄소 배출권 거래는 탄소 배출을 줄이라는 강력한 조치였다. 이 법은 탄소 배출을 줄이지 못한 기업에는 탄소 배출권 가격의 3배가 되는 돈을 과징금으로 부과할 수 있게 하였다.[1]

국내 기업 가운데 탄소를 가장 많이 배출하는 곳은 포스코이다. 포스코는 석탄을 태워서 철광석을 녹이는데, 이 과정에서 다량의 이산화탄소가 발생한다. 용광로를 계속 돌리려면 포스코는 이산화탄소를 줄이는 방법을 찾아내야 한다. 이런 식으로 대한민국 기업들은 큰 스트레스를 받게 되었다.

이명박 정부를 이은 박근혜 정부는 그린 뉴딜이라는 말을 쓰지 않고 '에너지 신산업'란 용어를 채택하였다. 이때부터 '신新에너지'와 '재생에너지'를 더한 '신재생에너지'란 말이 회자되었다. 신에너지는 연료전지, 수소에너지 등인데 이것과 재생에너지를 함께 키우겠다고 한 것

---

1) 온실가스 배출권의 할당 및 거래에 관한 법률
   제33조(과징금) ① 주무관청은 다음 각 호의 어느 하나에 해당하는 경우에는 그 부족한 부분에 대하여 이산화탄소 1톤당 10만원의 범위에서 해당 이행연도의 배출권 평균 시장가격의 3배 이하의 과징금을 부과할 수 있다.

     02 | 환경도 위한 원자력의 귀환

이다. 환경 문제에도 적극성을 보였다. 2015년 6월 박근혜 정부는 산업계의 반대를 무릅쓰고 '온실가스 감축 목표'를 '2030년 배출 전망치 대비 25.7%에서 37%로 높인다'고 결정하였다.

박근혜 대통령 탄핵 후 집권한 문재인 대통령은 한 발 더 나갔다. 2020년 12월 10일 '2050년 대한민국은 탄소중립을 이루겠다'는 성명을 발표하며[2] 유엔에 대한민국의 자발 감축기여를 40%로 더 높이겠다고 통보하였다. 그리고 '화석에서 재생으로'의 에너지 전환을 국가 정책으로 확립하였다. 문재인 정부는 대한민국의 에너지 산업을 많이 왜곡시켰는데, 이에 대해서는 다음 장에서 설명한다.

그린 뉴딜과 RE 100, 탈석탄 동맹은 운동가의 구호

2014년 만들어진 국제 환경단체인 클라이밋 그룹은 "화석에너지를 100% 재생에너지로 바꾸자"며 RE 100[Renewable Energy 100] 캠페인을 벌였다. 이 그룹은 재생에너지로 물품을 만드는 기업을 공개해 이 회사 제품을 구매하게 하자는 운동도 일으켰다. 그린 뉴딜은 이렇게 해야 성공할 것이다. 그러나 이는 가격과 사람의 선택을 무시한 주장이었다.

자연과학에서는 조건이 같으면 항상 같은 결과가 만들어지기에 많

---

2) https://www.pa.go.kr/research/contents/speech/index.jsp?spModeview&catidc_pa02062&artid1401332 (2025년 12월 30일 검색)

은 법칙이 만들어졌다. 그러나 사회과학에는 같은 조건을 만들 수가 없기에 여간해서는 법칙을 만들지 못한다. 사회과학의 대표인 경제학에서 거의 유일한 법칙이 수요와 공급이 균형을 이루는 곳에서 구매를 결정하는 가격이 결정된다는 '수요와 공급의 법칙'이다. 클라이밋 그룹은 이 법칙을 외면하였다. 소비자들에게 재생에너지를 썼다는 인식만으로 구매를 결정하라고 한 것이다. 가격을 보지 않고 사라는 것인데, 경제학자들은 이에 대해 "개 풀 뜯는 소리 하지 말라"라고 하고 있다. 노동자를 위하면 경제가 발전한다는 공산주의처럼 망상에 사로잡힌 주장으로 본 것이다.

20대 대통령 선거2022년 3월에서 윤석열 후보와 경쟁했던 이재명 후보가 RE 100을 외쳤다. 문재인 정부의 그린 뉴딜을 강화하겠다는 의지를 보인 것이다. 그러나 이 선거에서 그는 승리하지 못했다. 윤석열 후보가 20대 대통령에 당선되었다. 윤석열 정부는 RE 100은 물론 그린 뉴딜이라는 용어를 사용하지 않았지만 환경을 중시했다.

대한민국에서 발생한 탄소를 줄이려면 이산화탄소를 흡수하는 숲을 조성해야 하는데, 대한민국에서는 정부가 성공적인 조림을 했기에 숲을 만들 공간이 거의 없다. 그렇기 때문에 윤석열 대통령 시절인 2023년 8월 대한민국은 '개발도상국 산림을 통한 온실가스 배출 감축 및 탄소 축적 증진 지원에 관한 법률'을 제정하였다. 대한민국의 기업이 개발도상국에 그들이 줄여야 할 온실가스를 흡수할 수 있는 숲을 조성하면, 대한민국에 그 숲을 조성한 것과 같이 해주겠다는 것이 이 법의 취지였다. '온실가스는 세계적인 문제이니 모든 나라가 같이 대응해야 한다’며 유엔은 숲을 만들지 못한 개발도상국 지원을 유도했는데, 대한민국은 호응한 것이다.

2017년 독일 본에서 개최된 제23차 유엔기후변화협약 당사국총회에서 영국과 캐나다는 기후 변화의 주범인 석탄화력발전소를 신속히 퇴출시키자’며 탈석탄동맹Powering Past Coal Alliance, PPCA을 만들었다. 62개국의 중앙정부 등 180여 조직이 가입하게 된 이 동맹은 OECD와 EU 회원국들은 2030년까지, 그 밖의 나라들은 2040년까지 석탄 사용을 멈추자는 것을 목표로 하였다.

대한민국은 세계 4위의 석탄 수입국이자 세계 7위 규모의 석탄발전설비 보유국이다. 2024년 국내 발전에서 석탄발전의 비중은 28.1%였다. 2025년 초 OECD 38개 회원국 가운데 이 동맹에 참여하지 않은 나라는 한국과 일본 호주 튀르키예였다. 미국도 바이든 정부 때인 2023년 말 이 클럽에 가입하였다. 이 나라들은 ‘기후 악당’ 클럽으로 불렸는데 대한민국에서는 이 클럽을 탈퇴하고 탈석탄동맹에 가입하자는 주장이 폭증하였다.

이재명 대통령이 이에 호응하였다. 2025년 5월 취임하면서 ‘2040년까지 석탄발전을 폐지한다’를 국정과제로 삼은 것이다. 그리고 2025년 11월 27일 브라질의 벨렘에서 개최된 제30차 유엔기후변화협약 당사국총회COP30에서 대한민국의 탈석탄동맹 가입을 밝히게 하였다. 대한민국을 2040년이 되기 전에 모든 석탄화력발전소를 없애는 나라로 만들겠다고 하였다.

이재명 정부는 '기후위기 대응을 위한 탄소중립·녹색성장 기본법'도 만들었다. 그린 뉴딜을 시도할 수 있는 플랫폼을 만든 것이다. 윤석열 계엄 재판으로 정국이 어수선했지만 보수 정당인 국민의 힘은 이 법 제정에 찬성했다. 미국의 보수 정치인들은 '환경 제일주의'에 속지 않는데, 환경을 위한다면 그냥 넘어가는 것이 대한민국의 보수 정치인임을 여실히 보여준 것이다.

2026년 1월 2일 현재 미국은 탈석탄동맹에서 탈퇴하지 않았다. 그러나 2025년 초 취임한 트럼프 대통령은 그해 4월 8일 "광부들을 일터로 복귀시키겠다. 폐쇄한 석탄발전소는 재가동하고 새로운 석탄발전소를 지어 AI 데이터센터의 전력 수요에 대응하라"며 석탄발전 확대를 위한 행정명령에 서명하였다.

환경주의운동과 공산주의 운동의 닮은 점

온실가스가 지구 온난화의 주범이라는 것과 그린 뉴딜이 경제를 일으킨다는 것은 검증되지 않은 주장이다. 그런데도 세계와 대한민국은 화석에너지를 없애자는 길을 달려갔다. '공산주의를 하면 장밋빛 미래가 열린다'는 것은 선동이었는데, 이를 믿고 공산주의에 투신한 운동가들처럼….

'공산국가를 넘어선 공산국가'인 북한은 달랐다. 환경의 '환'자, 그린 뉴딜의 '그'자, RE 100의 'R'자, 탈석탄동맹의 '탈'자도 거론하지 않

고 핵무력 강국을 향해 매진하였다. 1960, 70년대 박정희 정부가 국가
개발에 전력을 기울였던 것처럼, 세계적인 환경 운동가들의 선동에 흔
들리지 않은 것이다.

여기에서 하나 주목할 것이 있다. 화석이든 비화석이든 에너지 사
용의 증가와 함께 경제성장과 인구도 급증했다는 사실이다. 그렇다면
에너지를 줄이면 경제와 인구는 마이너스 성장을 할 수 있다는 가설이
성립될 수 있다. 재생에너지 생산에 집중하면 과연 인류는 인구를 줄이
지 않으면서 경제성장을 할 수 있을까?

석탄과 석유 같은 화석에너지는 편중 현상을 보인다. 화석에너지
의 부국과 빈국이 있었기에 적잖은 나라들이 에너지 쟁탈전을 하였다.
재생에너지도 풍부한 나라와 그렇지 못한 나라가 있음을 보여준다. 과
연 재생에너지는 에너지 쟁탈전을 일으키지 않는다고 확신할 수 있는
가? 그린 뉴딜과 RE 100, 탈석탄동맹에 찬동하는 이들은 이에 대한 대
답을 해야 한다.

자연환경도 에너지를 먹고 자란다. 에너지가 부족하면 환경도 나
빠지는 것은 진실이다. 화석 에너지가 편중돼있어 전쟁을 일으켰는데
재생에너지 일변도로 가면 세계는 다시 치열한 갈등에 빠질 수 있다.
환경 제일주의가 전쟁을 만드는 것이다. 공산주의자들이 허상을 만들
어 인류를 갈등으로 몰고 간 것처럼 환경론자들은 부족한 에너지 사회
로 인류를 몰아가는 것은 아닌지 의심해 볼 필요가 있다.

반핵 선동에서 살아남은 원전,
대신 유탄을 맞은 석탄발전

온난화의 주범도 아닌 석탄 사용을 중지하자는 '탈석탄동맹(PPCA)'의 로고. 원전을 죽이지 못한 환경운동가들은 애꿎은 석탄발전을 죽이는 쪽으로 갔다.

정치와 마케팅 승부수의 5할 이상이 선전·선동 능력이다. 다수에게 먹히는 광고와 선전을 하면 차선인 제품도 그럴듯한 인물도 최고의 제품이나 훌륭한 리더로 둔갑해 불티나게 팔려나가거나 선풍적인 인기를 끌 수 있다. useful idot,[1] 세상에는 '이용하기 쉬운 바보'가 차고 넘치는 탓이다. 광적인 선전·선동을 할 땐 useful idiot를 동원해야만 한다.

공산주의와 나치즘, 파시즘은 선동가들 때문에 대단한 인기를 끌

---

1) 무지나 순진 때문에 정치적 목적이나 이념을 가진 세력에게 이용당하는 사람을 가리키는 숙어. 19세기에는 공산주의를 맹목적으로 따르는 이들을 'useful idiot'로 부르는 경우가 많았다.

었다. 이를 따랐던 사람들은 이 이념을 메시아처럼 신봉해 관철하려고 헌신했다. 혁명과 대의를 위한다며 기꺼이 목숨도 바쳤다. 그러나 이 이념은 좋은 세상을 만들지 못하고 비참하게 무너졌다. 유럽 냉전을 끝내면서 '삶의 질'에 대한 환상에 빠져 인기를 끈 환경 제일주의도 비슷할 수 있다.

원전을 원폭으로 둔갑시킨 이들이 몰랐던 '리던던시'

석탄과 석유, 천연가스는 유기물이 변한 화석에서 나온 것이지만 우라늄은 광물이다. 화석에너지의 과다한 사용이 지구 온난화를 가져왔다는 것은 검증되지 않은 주장인데, 원자력발전도 화석연료 발전처럼 지구 온난화를 만든 주범이라며 몰아간 세력이 있었다. 그러나 어떤 노력을 해도 핵분열로 이산화탄소가 나온다는 주장은 할 수 없었기에, 원전 사고가 나면 핵폭탄이 터진 것과 같다는 선동을 했다. 온난화보다 더 한 자연환경의 파괴, 인류 멸망, 지구 소멸을 초래한다고 한 것이다. 이것이 먹혀들었다. 강한 거부가 일어난 것이다.

때문에 원전에서 일어날 수 있는 사고에 대한 분석이 이어졌다. 영어 단어 '리던던시redundancy'는 군더더기나 중복돼 쓸모없는 것 등으로 번역된다. 그러나 안전공학에서는 사고를 대비한 시스템으로 이해된다. 'think the unthinkable', 사고에 대비하려면 생각할 수도 없는 일들을 생각해 준비해 둬야 하기 때문이다.

대부분의 사람이 엘리베이터를 타고 오가는데도 건물에는 반드시 실내 계단을 설치한다. 평시 이 계단은 한두 층을 오갈 때나 머리를 식힐 때, 사적인 통화를 하는 공간 등으로만 겨우 사용된다. 그러한데도 건물 밖으로 약간 노출돼 있는 비상계단을 또 만들어 놓았다. 대기와 접촉해야 하는 이 비상계단을 쓰는 이는 눈 씻고 찾아봐도 없다.

사고와 고장을 막기 위해 다른 안전장치도 해놓았다. 소화전을 설치하고 스프링클러를 설치했다. 소화기도 배치했다. 이들은 돈 주고 산 것인데, 유효 기간이 지나면 새것으로 교체해야 한다. 이들은 적잖은 공간도 차지한다. 평시에는 돈과 공간만 쓰고 쓸모가 없는 이들을 안전 공학에서는 리던던시라고 한다.

그런데도 이들이 모두 작동하지 않아 작은 불이 큰 화재가 되기도 한다. 그때 엘리베이터와 실내의 계단은 연통이 되니 이용하면 안 된다. 외부로 노출된 비상계단을 타고 내려와야 한다. 이 비상계단이 안전공학에서 강조하는 또 다른 리던던시가 된다.

다양한 리던던시를 갖춰도 큰 피해를 피하지 못할 수 있다. 2001년 미국의 자랑인 뉴욕 세계무역센터가 하이재킹 당한 항공기에 들이 받혀 무너지리라고 상상한 이는 없었다. 충돌이 있는 순간 이 센터에 설치해 났던 리던던시는 전부 무용지물이 됐다.

원전에는 보통 건축물보다 훨씬 더 많은 안전 리던던시가 들어가 있지만 상상도 못한 사고를 당할 수 있다. 그래서 'think the

     02 | 환경도 위한 원자력의 귀환

unthinkable'로 상상도 못한 사고를 상상해 낸 후 그에 대한 대처법도 세워놓아야 한다.

노심용융 사고는 원폭 폭발만큼 피해가 크지 않다

원전에서 일어날 수 있는 최대의 사고는 과도한 핵분열로 과열이 일어나 원자로가 녹는 노심용융爐心熔融, nuclear meltdown이다. 제어봉을 이용해 천천히 핵분열이 일어나게 하는 것이 실패했을 때 노심용융이 일어날 수 있다. 이 노심용융을 원폭이 터진 것과 같다고 선동한 세력이 있었다.

원자력계가 꼽는 원자력발전소의 3대 노심용융 사고는 모두 원전 대국에서 일어났다. 1979년 3월 28일 미국 펜실베이니아주의 도핀 카운티를 흐르는 서스퀴해나강Susquenhanna River의 스리마일섬Three Miles Island 에 있는 스리마일-2호기에서 일어난 노심용융 사고가 시간상으론 첫 번째였다. 두 번째는 1986년 4월 26일 구舊소련 우크라이나공화국의 체르노빌에 있는 체르노빌-4호기 노심용융 사고다. 세 번째가 일본 관측 사상 최대였다는 동일본 대지진과 초대형 쓰나미 피해를 당한 직후인 2011년 3월 11일 후쿠시마현 후마다군郡의 후쿠시마-1호기에서 일어난 것이다.

이 가운데 가장 피해가 적었던 것이 스리마일-2호기 사고다. 스리마일-2호기는 내부에 6㎜ 두께의 강철판을 붙인 1m 두께의 프리 스트레스트 콘크리트로 만든 원자로 건물에 싸여 있었기에, 녹아내린 원자로에서 나온 방사성 물질이 외부로 나가지 못했다. 녹아내린 스리마일-2호기 원자로에서 발생한 강력한 수소폭발은 원자로 건물을 전혀 깨지 못했던 것이다.

이 사고로 사망했거나 안전 수치 이상으로 방사선을 쬔 이는 전무했다. 이 사고에도 불구하고 스리마일-2호기 주변에서는 계속 자연방사선 정도의 방사선만 검출됐다. 원자로를 못 쓰게 됐다는 경제적 피해만 발생하고 인적 피해는 전혀 일어나지 않은 것이다.

방사선을 막으려면 물을 넣으면 된다. 이 사고 후 미국은 이 원자로 건물 안에 물을 넣었는데, 전혀 새지 않았다. 스리마일-2호기의 노심용융 사고는 원자로 건물을 깨지 못했다는 것이 또 한 번 증명한 것이다.

'물통'이 된 스리마일-2호기를 오랫동안 두면 노심용융으로 발생한 열은 식을 것이다. 노심용융을 일으킨 핵연료에서 나오는 방사선은 반감기가 지나면 현저히 약해진다. 스리마일-2호기는 반감기가 지나 충분히 안전해졌을 때 처리하면 된다.

먼저 물을 빼내 그 물에서 방사성 물질을 걸러내는 처리를 한다. 원자로 건물 등의 시설은 제염을 한 후 파쇄하는 식으로 철거한다. 녹아내린 원자로도 꺼내 제염을 한 후 파쇄나 압축으로 부피를 줄이는 처리를 한다. 그리고 물에서 걸러낸 방사성 물질과 이들을 방사선 세기에 따라 중준위나 고준위 폐기장으로 보내면 된다.

후쿠시마 원전에서는 두 명이 숨졌는데, 이들은 후쿠시마-1호기가 수소폭발로 사고를 내기 전에 쓰나미로 희생된 경우였다. 방사선을 쪼여 숨진 것은 아니었다. 후쿠시마-1호기의 문제는 원자로 건물에서 가장 얇은 곳의 두께가 18㎝였다는 사실이다. 후쿠시마 원전의 안전기준이 약했던 것이다.

그곳이 녹은 노심에서 발생한 수소가 일으킨 폭발을 견디지 못하고 찢어졌다. 그 틈으로 방사성 물질을 품은 기체가 대기 중으로 나왔다. 그러나 이 누설로 위험수치 이상으로 피폭된 사람은 전무했다. 위험수치를 좀 넘겨도 사람은 희생되지 않는데, 그러한 피폭자도 없었다.

원자로 건물이 완파되지 않고 일부만 찢어졌기에 방사성 물질이 소량만 나온 탓이었다. 찢어지긴 했지만 원자로 건물은 수소폭발로 산지사방으로 날린 방사성 물질을 상당량 가둬 놓았다. 이 원전 주변의 산에는 원숭이 떼가 살고 있었다. 새들은 무시로 이 원자로 건물과 원전 부지로 날아들었다. 일본은 이러한 짐승들의 피폭 여부도 조사도 했으나, 위험하게 피폭된 사례를 찾지 못했다.

후쿠시마 방류수의 정체

일본도 후쿠시마-1호기 원자로 건물 안에 물을 주입했다. 원자로 건물 상부에는 찢어진 곳이 있어 방사성 물질이 새나갈 수 있지만, 그 밑으로는 괜찮았기 때문이다.

문제는 대기 중으로 올라갔다가 스스로 떨어졌거나 빗물을 타고 땅으로 떨어진 방사성 물질이었다. 이들의 방사선이 강하다면 현장 인근의 생물은 피해를 입는다. 그러나 원숭이나 새의 사례처럼 피폭 증상을 보인 척추동물은 보이지 않았다.

그러했음에도 일본은 이 원전 부지 외곽에 있는 농지 등의 표면 흙을 긁어, 예상되는 반감기까지 보관했다. 일본은 산림녹화를 잘했기에 숲이 울창한데, 그러한 산림의 흙은 긁어낼 수 없었다.

산림에 떨어진 방사성 물질은 큰비가 왔을 때 빗물을 타고 내려올 수가 있다. 일부는 땅으로 스며들어 지하수가 된 물과 함께 흘러올 수도 있다. 일본은 후쿠시마 원전 부지는 물론이고 주변 산에서 내려오는 물과 지하수를 가뒀다가 방사선 세기가 안전해지면 방류하기로 했다. 이것이 세칭 '후쿠시마 방류수'이다. 대한민국의 반핵단체와 그에 편승한 민주당은 이를 '핵 오염수'로 바꿔 부르며, 탈핵운동을 하는 도구로 사용했다. 안전하게 처리된 물을 오염수, 그것도 핵 오염수로 우기며 선동한 것이다.

장마철 후쿠시마 원전 부지와 주변에 떨어지는 비의 양은 매우 많다. 이 빗물을 모두 잡아 방사선 체크를 한다는 것은 불가능하다. 장마 때는 훨씬 더 많은 물이 그냥 바다로 흘러 들어갔는데, 이 물을 받은 바다는 전혀 방사선 피해를 일으키지 않았다. 후쿠시마 앞바다는 태평양과 연결된 어마어마한 물통이기에 큰비에 섞여 있을 수 있는 방사성 물질을 희석시켜 버렸다. 한국의 반핵단체는 후쿠시마 방류수엔 시비를

     02 | 환경도 위한 원자력의 귀환

걸어도, 일본이 잡아내지 못해 그대로 태평양에 들어가게 한 물에 대해
서는 시비를 걸지 않았다. 웃기는 현실이었다.

체르노빌-4호기 사고는 달랐다. 이 원자로에는 두꺼운 원자로 건
물이 없었다. 일반 공장의 건물 같은 것이 원자로 건물 역할을 했다. 때
문에 녹아내린 원자로에서 발생한 수소가 폭발하자 이 건물은 날아가
버리고, 산지사방으로 방사성 물질이 흩어졌다.

이들 중 상당 양이 지상에 낙하했다. 이들은 대단한 고온이었기에,
이들이 떨어진 곳에선 화재가 발생했다. 이 화재를 진압하기 위해 출동
한 발전소 직원들과 소방대원들이 심각하게 피폭됐다. 일부는 바로 숨
지고 일부는 병원에서 타계했는데, 그 희생자 수는 59명이었다.

구소련도 마을과 떨어진 곳에 원전을 지었다. 체르노빌-4호기에서
뛰쳐나온 작은 방사성 물질은 이러한 마을에도 떨어져 피폭된 주민들
이 나왔으나, 발전소 직원이나 소방대원만큼 심각한 수준은 아니었다.

당황한 소련은 헬기 등을 이용해 다량의 레미콘을 이 원자로와 그
주변에 퍼부었다. 원전은 물론이고 화재가 난 지역을 '콘크리트 무덤'
으로 만들어, 방사선의 누출을 막은 것이다. 그러나 일본처럼 더 외곽
의 흙을 긁어내 반감기까지 보관하거나 빗물과 지하수를 정화하는 조
치는 하지 않았다.

시간이 흐르자 반감기가 지나, 이 지역의 방사선은 크게 약화됐다.

하지만 콘크리트로 덮인 노심에서는 계속 열이 나왔기에 콘크리트 무덤은 따뜻했다. 그러나 이 열은 콘크리트 무덤을 녹일 정도로 강력하지 않았기에, 내버려 뒀다. 수냉水冷이 아니라 공냉空冷을 하게 한 것이다. 일본과 달리 구소련은 세월을 가장 중요한 약으로 사용했다.

핵미사일이 원전을 맞춰 일어난 원전 사고를 왜 상상하나

최대 원전 사고의 모습이 이것이다. 원전에서는 원폭이 터진 것처럼 엄청난 피해가 발생할 수가 없다. 이런 설명을 하면 '핵탄두를 단 미사일을 쏴 원자로 건물을 파괴하면 어떻게 되느냐'는 질문이 나온다. 원전 주위를 날아가던 대형 항공기가 원자로 건물로 추락하거나 유사시 핵미사일이 원자로 건물로 날아오는 경우는 생각해 봐야 한다.

대형 항공기가 추락한다면 원자로 건물은 깨질 수도 있지만, 깨지지 않을 수도 있다. 원자로 건물은 그만큼 강력한 것이다. 원자로 건물이 깨졌다고 해도 그 안에 있는 원자로까지도 깨진다는 말은 할 수가 없다. 원자로 역시 대단히 강력하기 때문이다.

원자로는 과도한 핵분열로 과열이 발생했을 때 녹을 수는 있어도, 외부에서 오는 충격은 상당히 견뎌낼 수 있다. 원자로 건물이 1차로 막아준 충격이라면 원자로는 버텨낼 수 있을 것이다.

최악은 핵미사일이나 거대한 유성이 원자로 건물을 때린 경우이다.

     02 | 환경도 위한 원자력의 귀환

이때는 그 안에 있던 원자로도 파괴돼 산지사방으로 방사성 물질이 퍼질 수 있다. 그러나 이것에 의한 피해보다는 원자로 건물을 맞춘 핵미사일과 거대한 유성이 일으킨 피해가 더 크다. 원자로에서 나온 방사성 물질로 인한 피해는 이에 견줄 바가 아니니 생각할 필요가 없는 것이다.

여기에서 놓치지 말아야 할 것은 핵미사일은 원자로 건물을 정확히 때리지 않는다는 사실이다. 핵무기는 표적을 맞췄을 때 터지는 게 아니라, 핵분열이 일어나도록 임계를 해줘야 폭발한다. 공격 효과를 극대화하려면 표적의 직상공에서 터지게^{핵분열하게} 해야 한다.

수폭과 원폭을 막론하고 핵미사일은 표적 지역의 직상공에서 핵융합이나 핵분열하도록 세팅을 한 후 발사된다. 이 폭압으로 원자로 건물과 원자로가 무너져 방사성 물질이 튀쳐나갈 수 있지만, 이보다 훨씬 독한 방사성 물질이 자폭한 핵무기에서 퍼져 나갈 것이니, 파괴된 원자로에서 나온 방사성 물질에 의한 피해는 고려할 필요가 없다.

2025년 6월 22일 미국은 B-2 스텔스 폭격기 편대에서 투하한 GBU-57 벙커버스터 폭탄으로 이란의 지하 핵시설을 파괴했다. GBU-57 같은 초대형 벙커버스터가 투하되면 원자로 건물은 견뎌내지 못할 수 있다. 초대형 벙커버스터는 원자로 건물을 직격해 찢고 들어가 폭발할 수 있기 때문이다. 이 문제의 해결은 정치·군사적으로 풀어가야 할 것이다. 그러나 그 피해는 체르노빌 사고보다 클 수는 없다.

더 웃기는 것은 방폐장을 폭발한다고 본 것이다. 굴업도와 안면도,

위도에 방폐장을 짓는다는 검토를 했을 때 반핵단체에 선동된 주민들이 벌떼같이 일어나 '폭발하면 다 죽는다'고 외쳤다.

인간이 쓰다 버린 쓰레기를 쌓아 놓으면 메탄가스가 발생해 불이 날 수 있지만, 고준위와 중준위 저준위를 막론하고 원전 쓰레기에서는 가스가 발생하지 않으니 불이 나지 않는다. 일부로 불을 붙여도 탈 가능성이 희박하다. 이들은 반감기가 지날 때까지 처분장에 갇혀 세월을 보내는 존재이니 폭발은 있을 수가 없다.

농축과 재처리 공장에서는 사고가 날 수 있다. 그러나 그 피해는 원전 사고보다 크기 어렵다. 두 공장에서는 임계질량 이상으로 고농축 하지 않기 때문이다. 임계질량 이상으로 농축해야 핵분열이 일어난다.

그러나 이 공장에서는 핵물질을 탈취하는 테러 등은 일어날 수가 있다. 핵물질 탈취는 국제적인 안보 문제가 될 수 있기에 보안 기관들이 미리 대응한다. 보안 시설에는 수많은 리던던시가 붙기에, 이를 뚫고 핵물질을 훔쳐내는 것은 쉽지 않다.

원전 관련 시설엔 리던던시가 매우 많고, 이것을 설치하고 운영하는 비용은 원전 발전단가에 반영된다. 그러함에도 원전의 발전단가는 가장 싸다. 그렇다면 반핵주의자들의 선동에 속아 따라가는 useful idiot는 더 이상 될 필요가 없다.

원자력에너지는 재생에너지와 화석에너지의 적^敵

원전은 많은 안전장치를 부과했기에 그렇게 위험한 에너지원이 아니다. 지구 온난화를 일으킨다고 의심받은 화석에너지도 아니다. 가성비는 비교할 수 없을 정도로 좋다. 그런데도 왜 환경 제일주의자들은 원전을 화석에너지 발전보다 더 나쁜 존재로 만들었을까.

음모론적으로 본다면 재생에너지를 생산하려는 주체와 화석에너지를 생산하는 주체들이, 원자력에너지를 생산하는 주체를 가장 위협적인 적敵으로 봤기 때문이라는 추론을 해 볼 수 있다. 그래서 useful idiot인 환경단체를 이용해 반핵 선전·선동을 했다고 본다.

이산화탄소를 배출하지 않고 발전량 대비 가장 적은 땅을 차지하며 가성비는 비교할 수 없을 정도로 좋은 원자력이 있는 한 재생에너지는 발아發芽할 수가 없다. 화석에너지도 자기 영역을 지키기 어려워지니 이들은 음陰으로 환경운동가들을 지원해 반원전 운동을 일으켰다고 볼 수 있는 것이다.

원자력에너지와 재생에너지 간의 대립을 보기 위해 먼저 과학이 밝혀낸 재생에너지의 실체부터 살펴보기로 하자. 재생에너지도 화석에너지와 마찬가지로 '있는 곳'이 한정돼 있다. 많은 데에서는 이 에너지의 이용 비용이 저렴해지니 재생에너지의 활용이 빈번해진다.

전기 생산만으로 한정할 경우 재생에너지로 필요한 전기의 100%

를 마련하는 나라로는 아이슬란드가 유일하다. 아이슬란드는 수력 자원이 좋은 데다 지열地熱도 많아 수력발전과 지열발전으로 필요한 전기를 모두 생산하고 있다.

지열발전이란 쉽게 설명하면, 마그마가 끓여준 물에서 나오는 증기를 이용한 것이다. 아이슬란드에는 '끓은 물'과 '증기'가 시차를 두고 솟구치는 간헐천間歇泉, Geyser이 많은데, 이 증기를 이용하는 것이 지열발전이다. 증기를 이용한다는 점에선 화력발전과 같지만, 화력발전과 달리 화석 연료를 태워 물을 끓여 증기를 만들지 않는다. 땅이 만들어준 증기를 이용하니 지열발전의 단가는 매우 싸진다. 그런데 땅이 만들어준 이 증기가 온실가스가 된다는 데엔 아무도 주목하지 않는다. 환경 운동가조차도.

상당한 북반구에 있는데도 아이슬란드가 그렇게 춥지 않은 것은, 멕시코 난류와 함께 땅이 만들어준 수증기가 덕분이다. 그러나 아이슬란드의 땅은 안정돼 있지 않다. 그곳은 북미판과 유럽판이 만나는 곳이라 마그마가 지표 가까이 올라와 있다. 그래서 지열 생산이 많은 것이다. 때문에 화산 폭발과 지진이 잦다.

화산이 폭발하면 엄청나게 많은 수증기와 함께 다른 온실가스가 배출된다. 활화산은 온실가스를 배출하는 주범이지만 환경 운동가들은 이를 감추고 있다. 이를 감수하며 살아야 하는 아이슬란드인들은 그러나 땅이 이상 폭발을 할 경우에 대비해 적잖은 리던던시를 갖췄다. 증기는 공짜로 얻을 수 있는지는 몰라도 지열발전도 리던던시 비용이 적지 않다는 것을 알아야 한다. 지열발전을 하는 대신 자연이 배출한 온실가스, 화산폭발과 지진을 감수하며 살아가는 것이 아이슬란드인들이다.

노르웨이는 스칸디나비아 산맥에서 떨어지는 낙차 큰 수력으로 필요한 전기의 90%를 마련하고 있다. 북해가 제공한 좋은 풍력으로 나머지를 채워 재생에너지로 99%의 전기를 생산하고 있다. 노르웨이 유일의 화력발전소는 본토에서 2,000여 ㎞ 떨어진 북극권에 있는 스발바르제도에 있었다. 이 섬에는 좋은 석탄광산이 있었기에 화력발전소를 지어 운영했으나 기후변화에 대한 우려가 높아지자 화전을 세우고 풍력으로 필요한 전기를 생산하게 했다.

수력발전을 위해 만든 인공호수도 많은 수증기를 발생시킨다. 일교차가 큰 한국의 초가을, 호수에서 피어오른 수증기가 안개를 만들곤한다. 안개와 수증기도 지구 표면의 온도를 올린다. 노르웨이와 아이슬란드의 수력발전소가 만든 인공호수도 수증기를 생산한다. 환경 운동가들은 수전이 만드는 온실가스에는 일언반구도 하지 않는다.

두 나라는 1인당 국민소득이 10만 달러 인근에 있는, 아주 잘 사는나라이다. 노르웨이가 부국이 된 데는 북해 유전에서 생산한 석유도 한몫했다. 그런데 인구가 적다. 제조업도 활발하게 하지 못하고 있다. 물론 강국도 아니다.

이들도 한국이나 일본처럼 안보 위협을 받고 인구 밀도가 높고 산업 생산력이 강한 나라였다면 재생에너지만으론 필요한 전기를 마련하지 못했을 것이다. 원유 생산이 많은 노르웨이는 석유발전이나 가스발전을 추가했을 것이다.

자연조건을 이용해 값싼 발전을 하는 나라로는 산유국도 꼽을 수 있다. 땅에 구멍만 뚫으면 가스와 기름이 솟구치는 나라에서는 껌값인 가스와 석유로 발전을 한다. 이러한 나라에서는 끊임없이 솟아오르는 가스와 석유가 자연이 주는 재생에너지가 된다. 태양광이나 수력, 풍력으로 발전할 이유가 없는 것이다.

석탄 생산이 많은 나라라면 석탄화력으로 전기를 만드는 것이 경제적이다. 석유나 석탄의 생산이 많고 그것으로 에너지의 대부분을 꾸리는 나라에게 그린 뉴딜을 하라고 외치는 것은 '쇠귀에 경 읽기'나 '옳은 개소리'를 한 격이 된다. '너나 그렇게 하세요' 하고 묵살당하게 된다.

이러하니 화석에너지나 원자력에너지를 재생에너지로 전환함으로써 온실가스를 줄이고 경제도 살리자는 그린 뉴딜은 한국처럼 에너지 수입이 많은 나라에 집중된다. 많은 에너지를 수입해야 살아야 하는 나라라면 에너지를 바꿔볼 수도 있기 때문이다. 그런데 대한민국은 태양광과 바람이 좋지 않으니 재생에너지는 비집고 들어올 수가 없다.

그래서 원전을 '악마'로 만들어 죽이고, 재생은 '천사'로 만드는 속임수가 펼쳐졌다. 여기에는 원자력으로 에너지 강대국이 된 대한민국을 흔들자는 북한 같은 공산세력의 공작도 한몫했을 것으로 본다.

민주주의를 갈망했던 대한민국에는 민주화를 외친 운동권을 맹목적으로 따르는 useful idiot가 많으니, 이들로 하여금 반핵운동을 일으키게 하는 것이다. 그래서 원전과는 관련이 없는 온실가스를 거론하다가 '원전 사고론'을 외쳤다. 웃픈 희극을 만든 것이다.\

죽은 숲과 산불도 대단한 온실가스 방출원

과학이 새로운 사실을 밝혀냈다. 나무도 생물인지라 생로병사生老病死를 한다. 사람보다는 오래 살지만 죽음을 벗어날 순 없는 것이다. 우리보다 먼저 산림녹화에 성공한 일본은 충분히 자란 나무를 베어내지 않아 문제에 봉착했다. 자랄 대로 자란 나무들이 폭풍우에 넘어져 죽고 병충해에 노출돼 고사한 것이다. 일본이 만든 많은 숲 가운데 상당수가 밀도가 높은 가운데서부터 죽어가게 되었다.

괴사하는 숲에서 다량의 온실가스가 발생한다. 가장 빽빽한 숲인 열대우림에서도 죽은 나무 때문에 많은 온실가스가 발생한다.

2012년 미국 코네티컷주 북동부의 예일 마이어스 숲에서 60그루의 죽은 나무 시료를 분석했던 예일대 연구진은 '메탄 함유 농도가 주변 환경에 비해 8만 배나 높았다. 정상적인 대기의 메탄의 농도는 2ppm 미만이지만 분석된 나무속의 메탄 농도는 무려 1만 5,000여 ppm이었다. 이런 농도라면 불이 붙을 수 있을 정도였다'란 결과를 발표했다.

그리고 이 결과를 지구 전역의 숲에 적용해 추론한다면, '죽은 나무들이 배출하는 메탄은 전 세계 메탄 배출량의 10%를 차지한다' '우리는 죽은 숲이 메탄 배출원인 줄 몰랐다'는 설명을 덧붙였다.[2] 환경단체가 만들고자 한 숲이 죽어가면서 온실효과를 만드는 제3범4% 정도 차지인 메탄의 핵심 배출원이라는 것을 밝혀낸 것이다.

그것만이 아니다. 산림녹화를 이뤄낸 우리는 매년 봄 거대한 산불을 당하고 있다. 이 산불이 어마어마한 양의 이산화탄소를 발생시킨다. 폭발한 화산이 온실가스를 다량으로 배출하듯이 초대형 산불도 많은 온실가스를 만들어낸다.[3] 산불이 사라진 후 죽어가는 나무들이 또 온실가스를 만들어낸다. 살이 있는 숲은 이들이 배출하는 탄소를 다 흡수할 수가 없다.

이는 숲 조성이 온실가스를 줄이는 만병통치약이 아니라는 것을 보여준다. 나무가 죽거나 산불이 나도록 관리하지 않은 숲은 더 많은 온실가스를 발생시키니, 숲은 적당할 때 나무를 베어내고 새 나무를 심는 '순환'을 시켜야 한다. 이를 위해서는 임도林鳥를 내야 하는데, 임도를 내 관리하는 데는 에너지가 들어간다. 인류를 보호하는 자연환경도 에너지를 먹어야 잘 관리되는 것이다.

---

2) "죽은 나무도 온실가스 다량 방출" 2012년 8월 8일자 「연합뉴스」 https://www.yna.co.kr/view/AKR20120808076100009 (2025년 12월 29일 검색)

3) 2025년 10월 18일자 「머니투데이」는 "숲이 오히려 탄소를 배출해? 지구가 숨 가빠진 이유는"이라는 제목의 기사에서 세계기상기구인 발표를 인용해 '2024년 전 지구의 대기중 이산화탄소 농도는 423.9ppm으로 1957년 관측 이래 가장 높았다. 산업화 이전1750년보다 약 52% 증가했다'며 온실가스가 증가한 원인으로 화석연료 사용 증가와 함께 괴사하는 숲의 증가로 숲이 흡수해 주던 온실가스의 양이 줄어든 것 그리고 잦아진 산불 등을 꼽았다. 호주의 열대우림은 죽어가는 나무들로 인해 '탄소 흡수원'이 아니라 '탄소 배출원'이 됐다고도 보도했다. https://www.mt.co.kr/world/2025/10/18/2025101717062867466 (2025년 12월 29일 검색)

이러했음에도 문재인 정부는 원자력을 죽이려 했다. 계기는 그가 야당을 하던 2011년에 일어난 후쿠시마 사고와 대한민국이 지진 관측을 시작한 1978년 이래 최대였다는 2016년 9월 12일 리히터 규모 5.1로 일어난 경주지진을 삼았다.

경주지진으로 광복 후에 지은 몇몇 건물에서는 금이 가거나 외장재가 떨어지는 일은 일어났다. 그러나 지은 지 1,500년이 넘은 첨성대와 석굴암은 전혀 피해를 입지 않았다. 경주시 양남면에 있는 월성원전도 피해가 전무했다. 그런데도 문재인 전 더불어민주당 대표는 다음날9월 13일 월성원전을 방문해 지진에 대한 대책을 물었다.

그러자 '월성원전은 활성단층 위에 있다'는 고래의 주장이 불거지며 반원전 여론이 일어났다. 그해 12월 7일 재난 영화를 만들어온 박정우 감독이 후쿠시마 사고를 소재로 한 영화 '판도라'를 내놓았는데, 이틀 뒤인 12월 9일 국회가 박근혜 당시 대통령을 탄핵소추했다. 정국이 복잡해진 12월 18일 문재인은 부산에서 이 영화를 관람하고 다시 반원전 여론을 일으켰다.

2017년 3월 17일 헌재는 박근혜 대통령에 대한 탄핵을 인용했다. 그리고 열린 5월 9일의 19대 대통령 선거에서 문재인 후보가 당선됐다. 문 대통령은 적폐청산을 내걸고 바로 보수 세력을 걷어냈다.

그러한 때인 6월 19일 대한민국은 설계수명보다 10년 더 계속운전을 한 대한민국 최초 원전인 고리 1호기 영구 정지식을 가졌다. 이 행사에 참여한 문 대통령은 "후쿠시마 사고로 일본에서는 2016년 3월 현재 1,368명이 사망했다"며 탈원전을 선언했다.

후쿠시마 사고로 방사선에 피폭돼 1,368명이 사망했다는 것은 새빨간 거짓말이었다. 후쿠시마 사고 후 이 원전 인근에 살던 이들은 다른 곳으로 소개돼 생활했다. 일본도 농촌에는 노인이 많은데 이들이 주 소개 대상이 됐다. 이러한 소개민들의 삶을 취재한 일본의 「도쿄東京신문」은 이 소개된 사람 중에 1,368명이 돌아가셨다는 보도를 했다. 방사선에 피폭돼 사망한 것이 아니라 소개 생활을 하다 돌아가신 것이라고 했다. 그런데 문 대통령은 후쿠시마 사고로 이들이 돌아가신 것처럼 연설했다.

이 연설문을 만든 이는 김수현 당시 사회수석이었다. 그는 도쿄신문 기사를 근거로 후쿠시마 사고로 피폭된 이 가운데 1,368명이 사망했다는 뉘앙스가 나도록 연설문을 썼다.

당시 필자는 김 수석과의 통화로 이러한 사실을 확인했다. 그리고 이를 지적한 기사를 쓴 후 다른 기자들에게 알렸으나 누구도 기사를 만들지 않았다. 그때는 친원전을 하면 보수꼴통으로 몰렸고, 모두가 적폐청산에 시달리던 시절이었으니 다른 언론은 모른 척 넘어가 준 것이다. 때문에 문재인 정부는 더 큰 조치를 취할 수 있었다.

당시 대한민국은 UAE의 바라카에 APR-1400 네 기를 지으면서 신고리 5·6호기그후 새울-3·4호기로 개칭의 건설도 막 시작했었다. 문정부는 이 신고리 5·6호기공사를 중단시키려 했다. 그런데 이미 승인이 나고 예산이 집행된 사업을 세우면 문제가 되니 국민을 동원하려고 했다.

후쿠시마 사고와 경주지진을 본 다수의 국민들이 공사에 반대한다면 이를 명분으로 중단시키려고, 신고리 5·6호기 공사 여부를 묻는 공론화 위원회를 만든 것이다. 그해 10월 20일 이 위원회에 참여했던 국민들이 '59.5% 대 40.5%', 거의 6대 4의 비율로 신고리 5·6호기 공사를 계속해야 한다는 결정을 내렸다. 반원전과 친원전 측의 설명을 모두 들은 국민들이 친원전을 더 많이 선택한 것이다.

그러자 문 정부는 탈원전 정책을 버리고 '에너지 전환'이라는 이름을 사용했다. 이미 공사를 시작한 신고리 5·6호기는 공론화 위원회를 통과했으니 계속 짓게 했지만, 공사를 시작하지 않은 원전은 짓지 못하도록 한 것이다. 이를 확실하게 하기 위해 문 정부는 원전 지을 땅으로 잡아 놓은 경북 영덕의 천지원전 부지와 강원 삼척의 대진원전 부지를 해제했다.

대신 풍력발전과 태양광발전을 늘리는 에너지 전환을 강하게 추진했다. 재생에너지 산업이 크려면 이들이 생산한 전기의 단가가 싸야 한다. 그러나 아무리 해도 대한민국에서는 재생에너지의 발전단가는 낮아지지 않았기에 편법을 썼다.

'신에너지 및 재생에너지를 이용하여 전기를 생산하는 발전사업자의 전력은 우선 구매하라'⁴)고 돼 있는 전기사업자법 31조 4항 3호를 근거로 재생에너지로 발전한 전기를 우선 사주게 한 것이다. 때문에 재생에너지보다 발전단가가 비싼 발전은 출력을 줄여야 하는 상황이 왔다.

그런데 가장 단가가 낮은 원전의 발전을 줄이면 전기요금이 올라가니 가스와 재를 많이 배출하는 석탄발전을 더 세우는 쪽으로 갔다. 원전을 죽이고 싶은데 그렇게 하면 전기요금이 올라가니 석탄발전을 고사시키는 쪽으로 간 것이다. 석유는 석유화학 제품의 원료가 되고 자동차 등 기계의 연료로도 쓰이지만, 석탄은 국내에서 거의 생산되지 않고 포스코에서 철광석을 녹이는 경우를 제외하면 발전용으로만 쓰고 있으니 그렇게 한 것이다.

이러한 계산 속에서 2025년 이재명 정부는 2040년까지 대한민국의 모든 석탄발전소를 세운다며 탈석탄동맹에 가입했다. 원자력을 죽이기 위해 시작한 그린 뉴딜이 에너지 전환으로 변모하면서 석탄발전소가 유탄을 맞아 폐쇄로 가게 된 것이다. 반핵 정치인들도 원전이 가진 경제성과 환경성은 부정하지 못한 것이다.

---

4) 전기사업자법 제31조(전력거래)
　④ 전기판매사업자는 다음 각 호의 어느 하나에 해당하는 자가 생산한 전력을 제43조에 따른 전력시장 운영규칙으로 정하는 바에 따라 우선적으로 구매할 수 있다.
　3.「신에너지 및 재생에너지 개발·이용·보급 촉진법」 제2조 제1호 및 제2호에 따른 신에너지 및 재생에너지를 이용하여 전기를 생산하는 발전사업자

'브룩필드'를 잡아 대한민국 원자력을 세계 최강으로

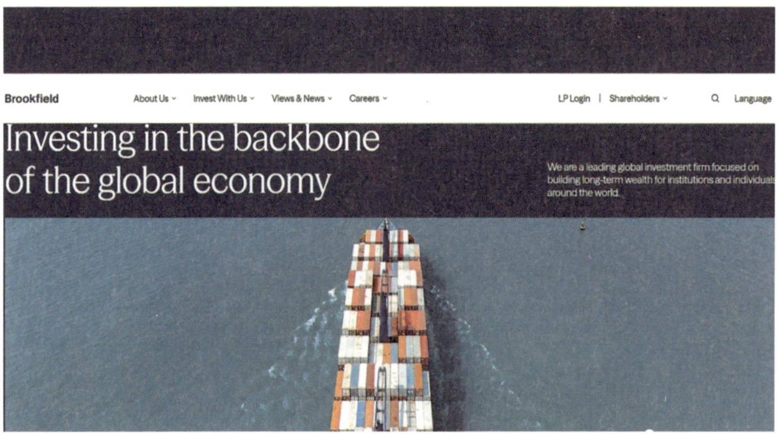

캐나다에 기반을 둔 브룩필드는 세계를 무대로
부동산과 재생에너지, 사회기반시설에 투자해 온 자산운영(사모펀드) 회사이다.
이 회사는 2018년 웨스팅하우스를 인수해 세계로 나가려는 한국 원자력과 갈등을 빚고 있다.
[브룩필드의 홈페이지]

프랑스는 미국에 이어 서방권 최고의 원전 대국이 된 나라다. 경북 울진에 있는 울진 1·2호기_{지금은 한울 1·2호기로 개명}를 프랑스의 프라마톰이 지었다. 프랑스는 프라마톰 등 원자력 회사를 합병해 'EDF'란 회사를 만들었다.

EDF가 한국의 APR-1400보다 200MW$^{20만 kW}$의 전기를 더 생산하는 초대형 원전인 EPR-1600을 설계했다. 그리고 세일즈에 나서 핀란드의 올킬루오토^{Olkiluoto}와 프랑스의 플라망빌^{Flamanville}에 지을 수 있게 되었다. 먼저 계약한 곳은 핀란드였다. 핀란드는 수력이 풍부함에도 원전을 지어왔다. 핀란드는 국내 다섯 번째 원전으로 올킬루오토 3호기를 짓기로 하고, 2003년 계약하고 2005년 공사를 시작하였다.

EDF로서는 처음으로 EPR-1600 원전을 짓게 된 것이다. 생각대로 되지 않는 것이 세상이다. 성능이 나오리라 기대하면서 시작했지만, 막상 성능이 나오지 않는 경우는 비일비재하다. 자재도 제때 들어오지 못하는 경우가 있다. 올킬루오토 3호기의 공사가 그랬다. 설계한 대로 성능이 나올 것 같지 않아, 공사를 중단하고 여러 번 설계를 수정했는데, 그럴수록 공사 기간이 늘어났다.

공사 기간이 연장되면서 2008년 이전에 완공하여 2009년 상업발전을 한다던 목표가 어긋났다. 2018년에 되어서야 완공하고 시험 운전에 들어갔는데, 또 문제가 발생해 해결책을 찾느라 정상가동이 지연되었다. 모든 허가를 획득해 상업발전에 들어간 것은 2025년이었다. 계획보다 가동이 16년 늦어진 것이다. 이 원전 건설에는 처음 예상한 것보다 세 배 많은 110억 유로가 들어갔다.

한발 늦었지만 거의 비슷한 시기에 공사를 시작한 것이 프랑스의 플라망빌 3호기였다. 이 원전 역시 똑같은 문제에 봉착해 2025년 4월에야 상업발전을 시작했다. 도하 언론은 애초의 비용 추정치는 33억 유

로였지만, 실제로 든 비용은 네 배나 많은 132억 유로로 집계됐다고 보
도했다.[1]

1979년 스리마일섬 2호기 사고 이후 신규 원전 건설을 중단한
미국은 만성적인 전력 부족에 들어갔다. 전기 사용량이 많은 주州일
수록 이 현상은 심각해졌다. 때문에 2012년 조지아주가 웨인즈보로
Waynesboro의 보글Vogtle에 웨스팅하우스가 설계한 1,000MW100만 kW짜리
AP-1000 두 기보글 3·4호기를 짓게 했다. 미국은 34년 만에 다시 원전을 짓
게 된 것이다.

하지만 EDF가 직면한 것과 유사한 문제로 봉착해 2016년과 2017
년으로 목표했던 상업운전을 하지 못했다. 카터 정부의 신규 원전 건설
중단 조치로 미국의 원자력 산업은 붕괴해 버렸으니, 기술자 확보와 자
재 조달에 문제가 있었기 때문이다. 결국 8년을 늦추어 2025년 7월 31
일 3호기, 2026년 1월 29일 4호기의 상업운전을 시작했다.

「월스트리트 저널」은 '보글 3·4호기를 건설에 예상치보다 2배 많
은 300억 달러가 들었다' '(이렇게 늘어난 비용 때문에) 미국은 대형 원
자로 건설을 주저하게 될 수 있을 것 같다' '보글 원자로는 미국에서 마
지막으로 건설된 대형 원자로가 될 수도 있다'라고 서술하였다.[2] 미국
의 원전 생태계 붕괴는 생각 밖으로 심각하였다.

---

1) https://www.etoday.co.kr/news/view/2431445 (2026년 1월 4일 검색)

2) https://www.wowtv.co.kr/NewsCenter/News/Read?articleId202404306830i (2026년 1월 4일 검색)

시스템 80, KSNP, OPR-1000을 통해 기술 자립

그 시기 대한민국의 원전은 질주했다. 앞에서 밝혔듯이 전두환 정부 시절 대한민국은 영광 3·4호기지금은 한빛 3·4호기로 개칭를 미국 컴버스천 엔지니어링Combustion Engineering의 '시스템 80' 원자로1,000MW로 지으면서, 이 회사의 설계 기술을 받게 된 것이 계기였다. 그리고 시스템 80과 거의 비슷한 '한국형 표준원전'인 KSNP1,000MW를 설계해, 울진 3·4·5·6호기한울 3·4·5·6호기로 개칭와 영광 5·6한빛 5·6호기로 개칭의 여섯 기를 지으면서 기술적으로 자립하였다.

당시의 우리는 원전을 수출한다는 생각은 하지 못했기에 컴버스천 엔지니어링과 KSNP는 한국에만 건설한다는 약속을 하였다. 1994년 미국과 북한은 '북한의 핵 개발을 중단하는 대신 미국은 북한에 원전 두 기를 지어준다'는 내용의 제네바 합의를 체결했다. 미국은 KEDO한반도 에너지 개발기구를 만들어 북한에 원자로경수로 두 기를 지어주게 된 것이다. 그리고 북한을 대한민국으로 보느냐, 보지 않느냐가 문제가 되었다. 대한민국으로 인정하면 KSNP의 공급이 가능하기 때문이었다.

갑론을박 끝에 미국이 북한을 대한민국으로 봐주면서, 우리는 함경남도 신포에 KSNP 2기를 지을 수 있게 되었다1997년 착공. 그때서야 우리는 시스템 80을 토대로 한 원전을 수출할 때 미국의 승인을 받는다는 약속을 하였다. 그런데 2002년 북한이 우라늄탄을 만들기 위해 우라늄을 고농축한 사실이 밝혀지면서 제네바 합의가 파기되었다. 신포 원전 공사는 터 파기를 거의 마무리 상태에서 중단되었다. 신포로 보내려고 만들던 KSNP 원자로는 상당히 제작된 상태였지만 창고로 들어가 버리고 말았다.

KSNP 제작에 자신을 갖게 된 대한민국은 이를 더욱 국산화해 수출 모델로 삼겠다며 '최적의 원자로Optimized Power Reactor'란 뜻의 OPR-1000을 설계하여 신고리 1·2호기와 신월성 1·2호기를 지었지만, OPR-1000의 수출은 이루지 못했다. 하지만 KSNP 여섯 기와 OPR-1000 네 기를 지은 경험을 바탕으로 업그레이드된 국산 원전 개발에 나설 수 있었다. 'G-7 프로젝트'의 하나로 140만 kW급인 APR-1400 개발에 도전한 것인데 성공하였다. APR은 '향상된 원자로'라는 뜻이 Advanced Power Reactor을 줄인 것이다.

2007년 대한민국은 신고리 3·4호기지금은 새울 1·2호기로 개칭[3]를 처음으로 APR-1400으로 짓게 되었다. 이때 대한민국은 원전을 돌리면서 새 원전을 지어왔기에 supply chain으로 불리는 '자재 공급망'이 매우 좋았다. 자재 회사들이 가동 중인 원전은 물론이고 건설에 들어간 원전에 필요한 자재를 정확하게 공급한 것이다. 설계에도 문제가 없었으므로 신고리 3·4호기는 공사기간의 지연 없이 예정했던 대로 완공되었으며 승인도 받아 상업운전에 들어갔다.

그 덕분에 자신을 갖고 수출을 모색하였다. 이를 현대건설 회장 시

---

3) 한국수력원자력의 고리본부에는 고리-1·2·3·4호기와 신고리-1·2·3·4·5·6호기가 들어가게 됐다. 한 본부에서 열 기의 원전을 관리하는 것은 무리였기에 새울본부를 만들어, 고리-1·2·3·4호기와 신고리-1·2호기는 고리본부가 관리하고 새울본부는 신고리-3·4·5·6호기를 새울-1·2·3·4호기로 이름을 바꿔 운영하게 했다.

절 해외 수주 현장을 누볐던 이명박 대통령이 지원하였다. 2010년 UAE 와, 바라카에 APR-1400 네 기를 건설한다는 계약을 체결한 것이다. 이 경쟁에는 프랑스의 EDF와 미국의 웨스팅하우스도 참여했지만, 이들이 내놓은 가격은 대한민국의 1.6배를 넘었다. EDF는 올킬루오토와 플라 망빌 문제에 직면해 있었으니 높은 가격을 적을 수밖에 없었다. 미국의 원자력 산업은 죽어 있었으니 웨스팅하우스가 적은 가격도 높았다.

그렇게 축배를 들려고 할 때 뜻밖의 문제가 일어났다. 한국에 기술을 준 컴버스천 엔지니어링은 그 후 웨스팅하우스에 합병되었다. 이러한 웨스팅하우스가 UAE 경쟁에서 질 것 같자 예상치 못한 시비를 걸어온 것이다. APR-1400에는 시스템 80의 원천 기술이 들어가 있으니 APR-1400을 수출하려면 웨스팅하우스의 동의를 받아야 한다고 주장했다.

원자로에서 발생한 고열로 물을 끓여 증기를 일으켜주는 장비를 '증기발생기'라고 한다. 원전의 제작비는 증기발생기의 수가 적을수록 낮아진다. 증기발생기를 많이 넣으면 원자로와 더 많은 '관'과 '선'을 연결해야 하기 때문이다. 증기발생기를 적게 넣으려면 대형으로 안전하게 만들어야 한다. 시스템 80과 KSNP, OPR-1000, APR-1400은 대형의 증기발생기 두 개를 사용한다는 공통점 등이 있었다. 웨스팅하우스는 APR-1400에 채택된 설계 개념이 자기가 인수한 컴버스천 엔지니어링의 지적 재산권영업비밀을 침범한 것이라고 우겼다.

웨스팅하우스의 시비에 손 든 대한민국

미국과의 갈등은 불편한 일이었다. 이럴 때는 '돈 줘서 보내는 것'이 현명한 방법일 수 있다. 우리는 바라카 원전에 들어갈 부품 중 일부를 웨스팅하우스가 제작하게 하는 것으로 웨스팅하우스와 타협을 하였다. 미국의 기술이 들어간 원전을 수출하려면 미국 에너지부의 승인을 받아야 하는데, 미국 에너지부에 승인을 받아내는 주체는 웨스팅하우스였기 때문이었다. 일감을 챙긴 웨스팅하우스는 에너지부에 승인을 요구하여 허가를 받아줬다.

이때만 해도 웨스팅하우스는 한국을 얕보았다. 자기에게 일감을 주었기에 일단락하였지만, 저가 낙찰을 한 한국은 원전을 제때 완공하지 못할 것으로 본 것이다. 그러나 한국은 약속한 시기에 공사를 끝냈을 뿐만 아니라 모든 승인을 받아 상업발전을 하였다.

UAE의 성공은 탈원전 정책을 펼친 문재인 정부 시절 이루었다. 그러함에도 불구하고 문재인 정부는 국내에 원전을 짓지 않고 재생에너지로 전환한다는 정책을 고집하였다. 앞에서 밝혔듯이 문재인 정권은 공론화위원회를 만들어 신고리 5·6호기이후 새울 3·4호기로 개칭의 공사를 중단시키려 했다. 그러나 공론화위 참석 국민들이 6대 4 비율로 '공사를 계속해야 한다'고 결정하였다.

덕분에 이 원전은 완공되었으나, 문재인 정부는 공사 기간을 연장하게 하였고 가동 승인을 하지 않은 '뒤끝'을 부렸다. 결국 신고리 5·6

호기는 가동 승인을 윤석열 정부 때 받고, 상업 발전은 이재명 정부에서 하게 되었다. 신고리 5·6호기보다 한발 앞서 APR-1400로 지은 것이 신한울 1·2호기다. 이 원전은 문재인 정부 때 가동 승인을 받고 상업운전을 해야 했는데, 문재인 정권이 공사를 질질 끌게 했기에 윤석열 정부 때 준공과 상업 발전을 하게 되었다.

친원전이었던 윤석열 정부는 신한울 3·4호기도 APR-1400으로 짓도록 승인하였다. 2026년 현재 우리는 대한민국에 여섯 기_{신고리 3·4·5·6호기와 신한울 1·2호기}, UAE에 네 기_{바라카 1·2·3·4호기} 도합 열 기의 APR-1400을 돌리고, 두 기_{신한울 3·4호기}를 건설 중에 있다. 동일한 노형을 열 기 이상 지으면서 가동하면, 같은 부품이 계속 들어가므로, 건설과 운영 단가가 매우 낮아진다. 서방 국가의 원전 가운데 APR-1400의 건설 단가와 발전 단가가 가장 저렴해진 이유다. EDF와 웨스팅하우스가 보기엔 저가 낙찰이지만, 우리는 APR-1400으로 적절한 이익을 볼 수 있었다.

'타도! 대한민국 원전'

UAE 실패로 가격 경쟁으로는 대한민국을 이길 수 없다고 판단한 두 회사는 다른 방법을 동원하였다. EDF는 저렴한 인건비를 토대로 원자로와 부품을 제작하는 중국과 손잡았다.

해외 원전 공사를 수주하려면 원전을 지으려는 나라를 위해 돈을 빌려주는 방법도 찾아야 한다. 한국은 차관 제공 능력이 부족하였다. 돈을

빌리는 데는 EDF가 더 나았기에, 이 회사는 영국이 서머싯Somerset 지역
의 힌클리 포인트 CHinkley Point C에 두 기를 짓기로 원전 사업을 수주하였
다2017. 그러나 이 사업은 뜻대로 되지 않았다. 중국 업체를 참여시켰음
에도 불구하고, EPR-1600이 안고 있는 근본 문제는 해결되지 않았다.

그리고 2019년 코로나 위기와 2020년 영국이 EU를 탈퇴하는 브렉
시트Brexit가 일어나, 공사 기간이 늘어났다. EDF는 2025년 원전을 준공
한다는 목표를 가지고 있었지만 2031년으로 늦추어야 했다. 당연히 공
사비도 늘어났다. 영국 측이 처음 예상했던 공사비는 180억 파운드였는
데, 지금은 두 배 이상 많은 460억 파운드가 들어갈 것으로 보고 있다.

웨스팅하우스는 미국이 갖고 있는 정치·군사력을 이용하였다.
2022년 러시아가 우크라이나를 침공하자, 우크라이나는 물론이고 러
시아 동맹국인 벨라루스와 국경을 접하고 있는 폴란드가 상당한 안보
불안을 느꼈다. 이에 따라 가장 신속히 무기를 제공할 수 있었던 대한
민국을 두들겨 FA-50을 비롯한 여러 무기를 긴급히 수입하였다.

에너지가 부족하면 안보를 유지할 수가 없다. 폴란드는 에너지 확
보를 위해 원전 여섯 기를 도입하는 사업도 벌였다. 한국은 폴란드와
방산 협력을 많이 했기에, 이 사업도 승산이 있다고 보고 뛰어들었다.
EDF와 웨스팅하우스도 참여했다.

웨스팅하우스는 한국을 최대 위협으로 간주하였다. 때문에 미국
법원에 '한국의 APR-1400은 자사의 영업비밀을 침해한 것이니 수출

할 수 없다'는 소송을 걸었다. 이로 인해 미국 정부가 폴란드의 원전 사업에 강한 관심을 기울이자, 폴란드는 1차 사업분인 세 기의 원전 건설을 웨스팅하우스에 준다는 결정을 내렸다. 이 경쟁에서 한국이 제시한 가격은 웨스팅하우스 가격의 67%였음에도 그렇게 결정한 것이다. 폴란드가 웨스팅하우스 원전을 결정한 것은 전적으로 안보 때문이다. 미국 원전을 건설하고 돌리고 있어야 미국이 폴란드를 지켜준다고 생각한 것이다.

하지만 폴란드의 민간 전기회사가 미래에 도입할 원자로는 한국형으로 하겠다는 발표는 하였다. 그러나 민간 회사는 자금을 끌어오기 어렵다. 한국이 차관을 제공하거나 돈을 끌어다 줘야 사업을 할 수 있을 것인데, 금융 조건을 맞추는 것이 쉽지 않다. 폴란드 정부의 원전 사업은 폴란드 국민이 낸 세금으로 추진될 수 있어도, 민간사업은 쉽게 나아가지 못한다.

한국이 폴란드 원전 경쟁에서 철수하게 되었을 때2023, 미국 법원은 '한국 원전 수출에 대한 판단은 미국 에너지부가 하는 것이지 웨스팅하우스가 할 수 없다'며 웨스팅하우스의 소송을 기각하였다. 떠난 뒤 손을 흔들어 준 것이다.

'구만리 뒤끝' 보인 웨스팅하우스

체코는 폴란드와 같이 소련의 위성국이었으나, 폴란드와 독일 사

　　　　　　　　　　　　　　　　　　02 | 환경도 위한 원자력의 귀환

이에 위치해 있어 폴란드만큼 안보 위협을 크게 받지 않는다. 체코의 두코바니Dukovany에는 체코가 공산국가이던 시절 소련으로부터 공급받아 지은 원전이 있었지만, 설계수명이 한참 지나 대체하여야 했다.

한국은 미국에 덜 의존할 것 같은 체코 공략에 총력을 기울여 수주에 성공했다.[4] 미국의 눈치를 덜 볼 수 있었던 체코가 가성비에 주목해 준 탓이다. 그러나 여기에도 적잖은 우여곡절과 함정이 숨어 있었다.

체코는 부국이 아니기에 EU로부터 음양으로 지원을 받고 있다. EU의 지도국인 프랑스가 이러한 체코에 상당한 압력을 넣었다. 그럼에도 체코가 가성비 때문에 한국을 선택하자 EDF는 이 경쟁이 불공정하다며 소송을 냈다. 다행히 체코 법원이 기각해 프랑스와의 문제는 일단락되었다.

그러나 웨스팅하우스와의 갈등은 2026년 1월 현재에도 진행 중이다. 한국은 웨스팅하우스에 상당한 일감을 주며 합작하는 형태로 하자고 했으나, 웨스팅하우스는 미국 에너지부로부터 수출 승인을 받아 주지 않는 수를 썼다.

미국 에너지부에 승인을 요청하는 것은 웨스팅하우스만 할 수 있다. 웨스팅하우스는 이 권리를 이유로 체코와 계약을 한 대한민국을 애

---

4) 체코는 인구와 경제 규모가 작기에 작은 원전을 요구했다. 때문에 한국은 APR-1400이 아니라 이를 1,000MW(100만 kW)급으로 줄인 APR-1000을 공급하기로 했다.

먹이고 있는 것이다. 웨스팅하우스를 어떻게 달랠 것인가는 앞으로 큰 숙제가 된다.

내륙국인 체코는 한국에서 제작한 원전 부품을 다른 나라를 거쳐야 체코로 가져갈 수 있다. 원전 자재들은 부피가 커서 터널이 있는 도로나 철도로는 수송이 불가능하다. 배에 실어 독일에서 발원해 오스트리아·헝가리를 거쳐 불가리아와 루마니아의 국경선을 흐르다, 루마니아에서 흑해로 빠지는 다뉴브강독일 이름은 도나우 강으로 수송해야 한다.

다뉴브강은 유럽에서 손꼽히는 운하 역할을 하고 있다. 독일은 라인강과 다뉴브강을 연결하는 '라인 마인 도나우 운하'도 만들어 놓았다. 따라서 독일 라인강을 통한 수송도 가능할 것으로 보인다. 문제는 이러한 나라들이 '원전 부품을 실은 배의 통과를 순순히 허용해 줄 것이냐'이다.

이들은 전부 EU 회원국이라 프랑스의 사주를 받고 시비를 걸 수도 있다. 두코바니 원전 공사를 지연시켜 한국을 골탕 먹이는 것이다. 이러한 난관을 뚫고 원전 두 기를 제때 지어낸다면 한국은 체코가 두코바니에 추가로 지으려고 하는 두 기의 원전과 테믈린Temelin에 세우려고 하는 두 기의 원전 공사도 따낼 수 있을 것이다.

한국에 '구만리 뒤끝'을 보이고 있는 웨스팅하우스는 유럽에서 또 다른 승리를 하였다. 미국이 가진 정치·군사력을 이용해 2025년 불가리아의 코즐로두이 7·8호기 사업을 따낸 것이다. 한국은 체코에 집중하느라 불가리아 사업에는 신경 쓰지 않았는데, 이것이 웨스팅하우스에게 기회가 되었다.

이 사업에 현대건설이 웨스팅하우스의 파트너로 참여해 눈길을 끌었다. 웨스팅하우스가 현대건설을 파트너로 삼은 것은 가성비 때문인 것으로 보였다. 원전을 지으려면 건설사들이 터파기 공사부터 해야하는데, 원전건설에 관한 한 세계 최고는 K-건설이다. 한국의 건설회사들은 OPR-1000과 APR-1400을 제 때, 제대로 지을 수 있도록 큰 역할을 하였다.

현대건설과 삼성물산 건설부문, 대우건설, DL이앤씨과거의 대림건설이 K-원전 건설의 대표주자이다. 원전 공사에는 필요한 자재와 인력을 적기에 투입하는 것이 아주 중요하다. 현장의 공사 인력은 개발도상국에서 동원해야 한다. 이제는 우리나라도 부유해졌기에 현장 근로자를 구하기 어려워졌을 뿐 만 아니라 구하더라도 높은 임금을 지불해야 하는 상황이 된 탓이다. 인건비가 낮은 개도국에서 근로자를 데려와 교육한 후 국내외 현장에 투입하는 것은 복잡하지만, 이 회사들은 잘하고 있다. 미국에는 이렇게 하는 건설회사가 없다. 웨스팅하우스는 한국의 가격 경쟁력에서 혼이 났으므로 현대건설을 파트너로 삼은 것이 확실해 보인다.

대한민국이 원전 수출을 이어가려면 웨스팅하우스와의 지적재산권 문제부터 풀어야 한다. 이어 시스템 80의 개념이 전혀 들어가 있지 않은 새 원전을 설계해야 한다. 그리고 기채起債를 발행할 수 있어야 한다. 한국에서 수출하는 회사에 자금을 빌려주는 곳은 수출입은행수은이다. 그런데 수은은 기존에 빌려준 곳이 많아, 해외 원전 수주를 앞둔 한국수력원자원력이 갑자기 요구하면 자금을 마련할 수 없다. 우리·KB·하나·신한·농협 등 시중은행의 사정도 비슷하다. 그렇다면 해외에서 돈을 마련해야 하는데, 금리가 높아 해외 기채는 더 어렵다.

원전계의 '콜마' 두산에너빌리티

한국의 원전 수출에 태클을 거는 웨스팅하우스를 보면 짜증이 나지만, 다른 각도에서 보면 한국 원전은 여전히 희망을 가질 수 있다. K-뷰티를 이끄는 대한민국의 대표 기업은 아모레퍼시픽이다. 그런데 이 시장에서 화장품 판매를 하지 않고 제조만 하는 '콜마'라는 회사가 급부상하고 있다.

아모레퍼시픽을 비롯한 화장품 회사들이 모든 화장품을 자기 공장에서 제작하는 것은 아니다. 품질 좋고 더 저렴하게 만들어주는 곳이 있다면 맡긴다. 콜마는 제조를 전문으로 하는 회사로, 소비자를 향한 판촉비용을 쓰지 않는다. 기업 대 기업 거래라는 단순한 영업만 하는 것이다.

아모레퍼시픽은 경쟁 관계에 있는 다른 화장품 회사와 사사건건 대립하지만, 콜마는 그럴 필요가 없다. 아모레퍼시픽이든, 아모레퍼시픽의 경쟁 회사든 의뢰를 받았으면 콜마는 만들어주기만 하면 되기 때

121

문이다. 전문성으로 강한 가격 경쟁력을 가졌기에, 콜마는 외형과 순익이 커지면서 주목받은 회사가 되었다.

두산에너빌리티과거의 두산중공업는 KSNP와 OPR-1000, APR-1400 원자로와 증기발생기를 제작해 온 회사다. 이 회사가 제작한 원자로와 증기발생기는 성능이 좋았기에 K-원전은 강한 경쟁력을 가졌다. 그렇다면 두산에너빌리티는 한수원이 만든 APR-1400과 다른 독자적인 원자로를 개발할 법도 한데, 그렇게 하지 않는다.

대형 원전은 부담이 크니 개발하지 않을 수 있어도, SMR소형모듈원전은 개발할 수 있을 것 같은 데 하지 않기로 했다. 이유는 이 회사가 갖고 있는 '제작 경쟁력' 때문이다. 두산에너빌리티는 대한민국의 원전인 APR-1400 등만 제작하지 않는다. 웨스팅하우스 등 다른 나라 회사의 원자로도 제작해 준다. 증기발생기도 만들어준다. 두산에너빌리티는 원전계의 콜마를 지향하는 것이다.

원전의 수명을 결정짓는 것은 원자로이다. 원자로가 건강하면 원자력안전위원회는 계속운전을 허가해 준다. 설계수명이 30년이었더라도 건강하면 60년, 70년을 돌리게 해준 것이다. 그러나 원자로가 노쇠했다고 판단하면 폐로를 결정한다. 한번 설치된 원자로는 교체할 수 없기에 이렇게 한다.

이러한 원자로에서 나온 고열을 받아 고압의 증기를 발생시키는 증기발생기는 적절할 때 교체해야 한다. 안전성 검사를 거쳐, 보통은

20년 정도 사용하면 교체하고 있다. 원자로의 설계수명을 넘겨 원전을 계속운전한다면 증기발생기는 반드시 교체해야 한다.

한 개의 원전에는 한 기의 원자로만 들어가지만, 증기발생기는 2~4개가 들어간다. 한국 원전에는 두 기의 증기발생기가 들어간다. 한국처럼 많은 원전을 돌리면서 지어가는 나라라면, 거의 매년 한 기의 증기발생기가 필요할 것이다.

이러한 증기발생기도 독점 제작하는 곳이 두산에너빌리티다. 이 회사는 다른 나라가 필요로 하는 증기발생기도 많이 제작하고 있다. 국내외 원전에서 들어오는 증기발생기의 제작 주문이 두산에너빌리티에게 큰 효자가 되고 있다. 일정한 수익을 만들어주는 cash cow가 되고 있는 것이다.

이 회사가 고유의 원전을 개발했다면 경쟁사들은 웨스팅하우스가 한국의 APR-1400을 괴롭히듯이, 이 회사를 죽이려 할 것이다. 그러나 고유 원전을 만들지 않고 가격만 맞으면 어떤 회사의 원자로든, 증기발생기든 제작해 주고 있으니, 무적無敵이 된다. 서방권에서는 어떤 회사도 이 회사의 경쟁력을 따라올 수 없기에 두산에너빌리티는 '음지의 제왕'이 된다. 대한민국 원전이 강력한 것은 K-건설과 K-제작두산에너빌리티 능력이 있기 때문이다.

이 능력은 EDF와 웨스팅하우스도 손잡고 싶어 하는 존재다. 우크라이나를 침공한 러시아나 새로운 패권국가가 되고자 하는 중국과 손잡는 것은 아무래도 부담스럽다. 두 나라는 한국 프랑스 미국보다 한두 단계 떨어지는, 저가의 원전 시장에 진출하려고 하는 나라들이니 같이 놀 수도 없다.

웨스팅하우스와의 갈등을 푸는 한 방법으로 두 회사와 두산에너빌리티, K-건설사들을 묶어 하나의 원전 수출회사를 만드는 것을 검토할 수 있다. 한국은 한수원과 두산에너빌리티 K-건설사를 묶은 '팀 코리아'로 체코 사업에 도전해서 성공하였는데 여기에 웨스팅 하우스도 참여시키는 것이다. 한미 연합 원자력팀을 만드는 것이다. '한미연합원자력팀'은 한국의 APR-1400과 웨스팅하우스의 AP-1000을 들고 발주국이 원하는 대로 대응한다. 발주국이 작은 원전을 원하면 AP-1000으로 도전하고, 큰 것을 바라면 APR-1400으로 응찰한다. 그리고 낙찰을 받으면 원전 부지 공사는 K-건설사, 원자로와 증기발생기 제작은 두산에너빌리티에게 맡기는 것이다. 이익은 사업에 참여한 만큼, 그리고 각 사가 이 팀을 만들 때 참여한 지분만큼 가져가기로 한다.

이러한 회사 설립은 쉽지 않을 수 있다. 그렇다면 한국은 웨스팅하우스가 시비 걸 수 없는 새로운 원전을 만들면 된다. 세계 원전 시장에서 절대 강자가 될 조건은 갖춰져 있기 때문이다. APR-1400을 열 기 지었으면 새로운 원전을 만들 때가 되었다.

1990년 이전의 웨스팅하우스는 세계 원자력계의 절대 강자였으나 이후 크게 추락하여, 1999년 영국의 핵연료공사BNFL에 매각되었다. 그리고 2005년 다시 매물로 나왔는데 그때 두산에너빌리티의 전신인 두산중공업이 매입에 나섰다가 실패했다. 승자는 일본의 도시바였다. 도시바는 세계 원전 시장이 커질 것으로 보고 17억 달러로 추정된 예상 가격의 세 배인 54억 달러를 써내고 웨스팅하우스를 가져갔다.

그런데 2008년 리먼 브라더스 사태로 세계적인 금융위기가 일어나고 2011년 후쿠시마 사고가 발생해 원자력은 암흑기를 맞았다. 도시바가 어려워진 것이다. 도시바 소속의 웨스팅하우스는 앞에서 설명한 보글 3·4호기 공사를 하다 공기 지연 등으로 더 큰 위기를 맞았다. 때문에 2017년 도시바는 웨스팅하우스를 파산시키며 내놓았는데, 2018년 이를 캐나다의 투자회사사모펀드인 '브룩필드Brookfield'가 46억 달러에 매입했다.

브룩필드는 원자력 회사가 아니다. 기업이나 부동산을 샀다가 이윤을 붙여 파는 자산 운영 회사다. 한국에도 지사를 두고있다. 그렇기 때문에 이익에 민감하여 한국을 지독하게 공격하였다. 그러면서도 웨스팅하우스로 이익을 내기 위해 불가리아 원전 사업에는 현대건설을 파트너로 선택하였다. 웨스팅하우스는 폴란드에 짓기로 한 원전 건설과 제작도 K-건설이나 두산에너빌리티에 맡길 가능성이 높다.

이러하니 부룩필드는 한국과 타협을 할 수도 있다. 시스템 80의 개념이 들어가지 않은 원전을 대한민국이 만들어내면 브룩필드는 바로 자세를 바꿀 수 있다. 웨스팅하우스 기술이 전혀 들어가 있지 않은 새 원전을 개발해 웨스팅하우스의 모기업인 브룩필드를 꺾는다면 한국 원전이 세계 최강이 되는 날은 그리 멀지 않았다.

AI 시대를 맞기 위한
최고의 방책은 '원전 민영화'

380개 압력관을 갖고 있는 월성 1호기. 한수원은 이 압력관을 전부 교체했는데,
문재인 정권은 수치를 조작해 월성 1호기의 계속운전을 10년 만에 끝내게 했다.
포스코가 이 월성 1호기를 인수해 필요한 전기를 자체 조달하고자 한다.

북한산 꼭대기인 백운대에 올라 1만t의 물을 한 번에 쏟아보자. 그곳에는 뚜렷한 물줄기가 없으니 제각기 내려갈 것이다. 남쪽 절벽으로 떨어지는 놈, 동쪽 계곡으로 튀는 놈…. 중력 때문에 밑으로 내려간다는 것만 같을 뿐 저마다의 방향으로 흘러가고 일부는 고일 것이다.

엄청나게 많은 돌을 굴리면 바로 걸리는 놈, 높이 튀었다가 처박히는 놈까지 나와, 더 산지사방으로 흩어져 내려가다 멈출 것이다. 역시 중력의 작용으로 내려갔다는 공통점만 있을 뿐 한 줄기의 흐름은 만들지 못한다.

세상일도 한 줄기로 흘러가지 않는다. 여기에는 중력의 법칙이 작용하지 않으니, 흘러가는 것은 내려가는 게 아니라 올라가는 것이거나 횡보일 수도 있다. 그렇게 가다가 다른 것과 합쳐졌다 갈라지고, 튀어오르고 처박히면서 다수가 가는 흐름을 만들어낸다.

전기를 먹고 자라는 AI

IT^{Information Technology, 정보기술}와 ICT^{Information & Communications Technology, 정보통신기술}, 4차 산업혁명, 빅데이터가 화두였던 게 엊그제 같은데 AI^{Artificial Intelligence, 인공지능}를 논하는 세상이 되었다. 네이버 같은 포탈에는 정확한 키워드를 넣어야 검색이 되지만, AI는 되는대로 물어도 원하는 답을 찾아준다.

바로 알아듣지 못하면 야단을 쳐도 된다. 말귀를 못 알아듣는 아랫사람에게 화를 내면 험담이 날아 오지만, AI에겐 그런 일이 없으니 성질을 부려도 된다. 그러나 컴퓨터나 휴대폰을 집어던져 부수진 말아야 한다. AI와 로봇을 결합한 휴머노이드나 안드로이드가 나온다면. 인류는 자유자재로 부릴 수 있는 제갈량 같은 노예를 가진 것이 될 것이다.

음식을 먹어야 사람이 살 수 있듯이 AI나 휴머노이드, 안드로이드도 전기를 먹어야 작동한다. 그냥 전기가 아니라 품질 좋은 전기, 많은 전기가 필요하다. 당연히 품질 좋은 배터리도 있어야 한다.

구글에서 일반 검색을 할 때 사용되는 전력은 0.3Wh와트시이지만 같은 내용을 챗GPT로 검색하면 10배인 2.9Wh가 필요하다. 구글 검색엔진에 AI 기능이 통합된다면 최대 30배까지 더 많은 전력이 필요할 것으로 예상된다개별 검색당 6.9~8.9Wh.

AI의 구동은 서버 컴퓨터와 네트워크 회선, 데이터 스토리지저장장치 등 IT 서비스 제공에 필요한 모든 장비를 갖춘 '데이터센터'에서 이루어진다. 데이터센터는 모든 요구에 응해야 하니 24시간 전력을 써야 한다. 세계는 이렇게 수십만 대의 서버와 클라우드를 이용해 대량의 데이터를 집적하고 연산하는 AI 전용 '하이퍼스케일Hyperscale' 데이터센터의 시대로 가고 있다.[1]

---

1) 김다은, 'AI는 전기를 먹고 자란다' 시사IN 877호(2024년 12월 17일) 인용
  https://www.sisain.co.kr/news/articleView.html?idxno53307 (검색 2025년 12월 25일)

우리가 지은 KSNP나 OPR-1000 원전의 발전 능력이 대략 1기가
와트인데, 하이퍼스케일의 AI 데이터센터 한 곳이 5 기가와트의 전력
을 소비한다. 2023년 미국에서는 이런 데이터센터가 5~7곳 필요하다
는 분석이 있다. 이때의 미국은 OPR-1000을 25~35기를 지어야 AI 시
대를 누릴 수 있는 것이다.

'제철보국製鐵報國'의 산실인 포스코는 고로高爐를 운영해 왔다. 고로는
코크스로 불리는 석탄을 태워 얻은 열로 철광석을 녹여내는 용광로다.
코크스를 태우다 보니 온실가스의 대표인 이산화탄소가 엄청나게 발생
한다. 때문에 코크스 없이 철광석을 녹이는 전기로電氣爐로 교체하고 있는
데, 이 교체가 끝나면 무려 25 기가와트의 전력이 필요할 것으로 보인다.

대한민국 경제의 견인차는 반도체이다. 반도체 분야의 맏형인 삼
성전자가 세계 최대 규모로 만든 평택 캠퍼스에서만 10 기가와트의 전
기를 소비한다. SK하이닉스에서는 7.5 기가와트의 전기를 사용한다.[2]
용인에 두 회사의 공장이 들어갈 반도체 클러스터를 지으면 15기가와
트의 전기가 필요하다.

현대차를 비롯해 내로라하는 제조업체들도 대단한 전기 소비처이
다. 전기차가 늘어난다면 가정과 직장에서도 전기 소비가 늘어난다. 그
전기를 저장할 배터리의 수요도 폭증한다.

---

2) 정범진 칼럼 "원자력 전공자 내치는 정책 불확실성" 「문화일보」(2025년 10월 20일자) 참조
 https://www.munhwa.com/article/11540456 (2026년 1월 7일 검색)

이리 보고 저리 봐도 원전이 최고

지열과 수력이라는 재생에너지로 필요한 전기의 100%를 생산하는 아이슬란드의 면적은 남한만102,775 ㎢ 하지만, 인구는 대한민국의 8%밖에 되지 않는 39만 명이다. 세종이나 아산시보다 보다도 인구가 적다. 이렇게 사람이 적으니 아이슬란드는 재생에너지 발전으로 필요한 전기의 100%를 충당할 수 있다.

아이슬란드는 수산업과 관광업만으로 선진국이 된 나라다. 반도체나 철강 자동차 같은 제조업은 할 수가 없다. 공장이 적으니 당연히 전력 소비량도 적다. 하지만 선진국이니 국민들은 누릴 것은 다 누려야 한다. 이들이 AI 시대를 제대로 즐기기 시작하면 전기 사용량이 폭증해 재생에너지가 아닌 다른 에너지를 쓰는 발전소를 지어야 할지도 모른다.

아이슬란드는 군대가 없다. 그런데도 미국과 영국은 지정학적 위치 때문에 아이슬란드를 NATO에 참여시켰다. 그 결과 아이슬란드의 방어는 NATO가 전담하게 되었다. 이렇게만 보면 복 받은 땅 같지만 아이슬란드인들은 지진과 화산 폭발의 위험 속에 살고 있다. 그래서 인구가 적은 이유다. 재생에너지의 천국은 뒤집어 말하면 사람 살기에 척박한 땅이라는 것을 잊지 말아야 한다.

인류는 주어진 조건에 따라 다양한 발전發電 방법을 발전시켜 왔다. 물이 많은 곳에서는 수력발전, 석유가 많은 곳에서는 석유와 가스 발전, 석탄의 경제성을 중요하게 여기는 곳에서는 석탄발전을 선택했다.

바람이 좋은 곳에서는 풍력, 햇빛이 좋은 곳에서는 태양광, 파도가 크고 조수 간만의 차가 큰 곳에서는 파력波力과 조력潮力 발전을 했다. 원자력발전 또한 주요하게 활용하고 있다.

통일되지 않는 한 대한민국에서는 더 이상 '의미 있는 수력발전'을 할 곳이 없다. 통일이 된다 하더라도 수력발전은 대한민국의 주력 발전원이 될 수가 없다. 국토 면적에 비해 너무 많은 국민이 살고 있기 때문이다. 전기 소비가 급증하는 피크타임과 블랙아웃을 막기 위한 양수揚水 발전소는 더 지어야 하지만, 울창한 산림을 가진 산을 훼손하지 말자는 환경주의 때문에 할 수가 없다.

여기에서 주목할 것이 있다. 수력발전과 양수발전을 위한 저수지도 상당한 면적을 차지한다는 것과 거대한 수증기를 발생시킨다는 사실이다. 큰 댐 곁에 있는 지역은 인공호가 만든 안개 때문에 농업에 차질을 빚고 있다. 수력도 환경 문제를 일으킨다.

대한민국에선 파력발전을 할 곳이 없다. 울돌목 등 빠른 조류가 흐르는 곳은 있지만, 조력발전으로 대한민국의 전기를 커버한다는 것은 난센스다.

태양광발전은 할 수 있는 곳은 모두 개발해, 남은 곳이라고는 비무장지대뿐이라고 한다. 새만금의 거대한 호수에 태양광 집열판을 설치해 보았을 때, 바닷새들의 똥이 덮여 새로운 환경오염 문제가 일어났다. 태양광 집열판에 중금속이 들어 있다. 수명이 다한 집열판을 처리

　　　　　02 | 환경도 위한 원자력의 귀환

할 때 중금속과 유리를 어떻게 분리해 재활용할 것인가는 큰 문제가 될 것이다.

해가 지거나 바람이 좋지 않으면 태양광발전과 풍력발전은 할 수가 없다. 발전량이 오락가락하는 발전원을 '간헐성 발전'이라고 한다. 간헐성 발전을 하려면 대용량의 배터리가 있어야 한다. 이 배터리로 이들이 잘 돌아갈 때 생산한 전기를 충전해 놓았다가 이들이 발전하지 못할 때에도 일정하게 소비자에게 전기를 제공해 주어야 한다. 이러한 배터리의 제작 비용이 어마어마하게 비싸다.

풍력도 대한민국에서는 더 이상 지을 곳이 없어 바다로 가고 있다. 문재인 정부가 해상풍력을 장려한 것은 이 때문이었다. 간헐성을 고려할 경우 풍력발전으로 OPR-1000 한 기가 생산하는 1 기가와트의 전기를 얻으려면, 인천에서 목포까지의 서해안에 두 줄로 해상풍력발전기를 늘어 놓아야 한다.

이렇게 해상풍력발전기가 서 있으면 해군과 해경은 레이더 기지를 이 풍력발전기 라인 밖으로 옮기지 않는 한, 해상 감시 작전을 할 수가 없다. 회전하는 풍력발전기의 날개가 전파를 난반사해 레이더가 무용지물이 되기 때문이다.

온 국토를 새똥 천지가 될 태양광 집열판으로 덮고, 온 연안에 해상풍력발전기를 세워 놓아도, 이들이 생산한 전기로는 AI 시대는 물론이고 대한민국의 제조업이 필요로 하는 전기를 생산하지 못한다.

채운다고 해도 높은 발전단가가 심각한 문제가 된다. 풍력과 태양광 발전에는 원료비가 들어가지 않지만 초대형 배터리가 들어가야 한다. 이 배터리는 완성되지도 않았지만, 그 값이 상상을 초월할 정도로 비쌀 전망이다.

대한민국에서 가장 적은 면적을 차지하며 안정적으로 대량의 전기를 생산할 수 있는 것은 것은 화력과 원자력뿐이다. 그런데 화력은 온실가스를 생산한다. 대한민국의 화력발전은 100% 수입 에너지로 돌리고 있다. 석유와 석탄이라고 하는 수입 에너지는 부피가 매우 커서 배로 수송해 오고 있다.

이러한 수송선이 다니는 해상 물류로가, 급변하는 국제정치로 끊긴다면, 우리는 심각한 에너지 부족에 직면할 수 있다. 석유는 에너지뿐만 아니라 유화제품의 원료가 되니 원유 수송로만큼은 반드시 지켜내야 한다. 원유는 주로 중동에서 수입해 오고 있으니 우리는 걸프만과 인도양까지면 좋고, 여의치 못하면 서태평양의 남중국해까지라도 가서 작전할 수 있는 해군력과 원정군을 만들어야 한다. 이러한 군을 만들고 유지하는 것도 비용으로 작용한다.

유조선이 들어오지 못할 때를 대비한 비축도 해야 한다. 한국석유공사는 지하 암반을 뚫고 마련한 9개 비축기지원유기지 네 개, 제품기지 네 개, 가스기지 한 개에 90일분의 원유 등을 저장하고 있다. 이러한 비축기지를 만들고 유지하는 것도 비용으로 처리되기에 우리의 석유 값은 상대적으로 비싸진다.

    02 | 환경도 위한 원자력의 귀환

유사시까지 대비한다면 최고의 에너지는 원자력이다. 우라늄은 아주 적은 양으로도 엄청난 발전을 할 수 있으니 석유처럼 거대한 비축시설을 갖출 필요가 없다. 소량만 비축해도 수년, 수십 년은 끄떡없이 버틸 수 있다. 그런데 가성비가 매우 좋다. 물론 방사성 폐기물 처분장은 있어야 하지만, 이 처분장의 면적은 석유와 석탄 저장시설에 비할 바가 못 된다.

이리 보고 저리 봐도 대한민국에서는 원자력발전이 최고인 것이다. 그런데도 대한민국에서의 원전 발전 비중은 30% 내외이다. 프랑스의 원자력발전 비중은 무려 70%이다. 그렇다면 우리는 원전의 발전 비중을 늘려야 하는데, 좌파 정치이념이 작용해 재생에너지 발전을 늘이는 쪽으로 달려왔다. 거꾸로 간 것이다.

SMR의 장점과 단점

강력한 경쟁력을 갖춘 대한민국의 원전을 AI 시대를 주도하는 사업가들이 먼저 주목했다. 마이크로 소프트를 은퇴하기 직전인 2006년 빌 게이츠가 테라파워Terra Power를 설립한 것은 잘 알려진 사실이다. 이 회사는 SMR, 고속증식로, 토륨원자로 등 차세대 원자로를 개발하고자 했다.

그런데 먼저 고속증식로를 연구한 프랑스와 일본은 이를 사업화하지 못했다. 지금의 원전만큼 안전성을 자신할 수 없는 데다가 가성비가 좋지 않았던 탓이다. 토륨 원자로, 납-비스무스 원자로 등 다른 차세대

원자로도 사업성을 내지 못하고 있다.

거의 유일한 예외가 SMR이다. SMR의 선두 주자는 미국의 '뉴스케일파워New Scalc Power이다. 그런데 이 회사는 2026년 현재 제품을 내놓지 못했다. 제품이 나와야 미국의 원자력규제위원회가 심사해 승인을 해 줄텐데, 그런 승인을 받지 못한 것이다. 요란한 것은 SMR이 상당한 시장을 창출할 수 있을 것 같다는 기대뿐이다.

이 기대는 미국이라는 상황 때문에 나왔다. 미국은 대륙 국가이기에 드문 드문 인구가 많은 도시가 있다. 중간에는 소도시가 적지 않는데 이러한 도시에 전기를 보내려면 송전 시설을 해야 한다. 인구가 흩어져 있는 미국에서는 송전이 큰 문제가 되고 있다. 이를 이렇게 설명할 수 있다.

흔히 쓰는 멀티탭 수천~수만 개를 연결하면 서울에서 부산까지 이을 수 있을 것이다. 마지막 멀티탭이 연결된 부산에서 PC의 플러그를 꽂는다면, 이 PC는 잘 작동할까. 정답부터 밝히면 PC는 '켜지지도 않는다'이다. 이유는 멀티탭의 '저항' 때문이다. 십여 개의 멀티탭을 연결했다면 멀티탭이 갖고 있는 저항은 미미해서 발견할 수 없지만, 수천~수만 개를 연결하면 바로 발견된다.

품질 좋은 구리로 만든 전선에도 저항이 발생한다. 백운대에서 물을 붓거나 돌 더미를 굴리면 다 내려가지 않고 걸리는 놈이 있듯이, 전기를 흘려도 똑같은 현상저항이 일어난다. 여기에서는 100을 보냈는데

저쪽에서는 60이 오는 경우가 허다하다. 이러한 저항을 줄이려면 전압을 올려야 한다.

백운대에서 '고압'으로 물과 돌을 퍼부으면 덜 걸리며 내려가듯이, 전기도 고압으로 쏴줘야 저항의 비율이 약해진다. 때문에 756kV 등의 초고압 송전 개념이 만들어졌다. 그런데 초고압 송전선은 절연絶緣, insulation을 할 수가 없다. 초고압 송전선에서 나오는 열로 절연체가 녹아버리기 때문이다. 그래서 구리 선을 노출한 채 그대로 송전한다. '대기大氣'도 대단한 절연체이기 때문이다.

이렇게 하면 새나 벌레가 송전선에 접근했다가 타 죽지 않을까 염려할 텐데, 그런 일은 거의 일어나지 않는다. 송전선에서 나오는 전자파와 전기장, 열 때문에 생명체는 접근하지 않기 때문이다.

이 전기파로 인해 밤에 초고압 송전선 밑에 가면 전선을 연결하지 않은 형광등이 저절로 빛을 내기도 한다. 환경단체들은 이 현상을 보여주며 초고압 송전선 건설 반대 운동을 일으킨다. 그러나 이 전자파는 인체에 거의 영향을 주지 않는다. 송전선에는 접근하지 않는 새가 송전탑에는 앉았다 날아가는 것도 피해가 없기 때문이다.

송전선은 번개를 맞을 수도 있는데 이를 피하기 위해 낙뢰를 유도해 땅으로 보내 버리는 '가공지선架空地線, Overhead Earth/Ground Wire'을 위에 설치한다. 송전선이나 송전탑에는 제법 낙뢰가 제법 떨어지지만, 그 때문에 산불이 났다는 이야기가 없는 것은 이러한 '접지接地, earth' 때문이다.

그럼에도 불구하고 초고압 송전탑과 송전선은 '뷰view'를 망치는 요소가 되니, 사람이 많은 곳에는 설치하지 않는다. 사람이 거의 살지 않는 곳에 세운다. 초고압 송전탑은 매우 높고 큰 구조물이고 송전선은 대단히 굵기에 건설에는 많은 자금이 들어간다. 초고압 송전선로 건설 비용은 원전 한 기의 건설 비용에 못지않은데, 이것도 전기요금에 합산된다.

대한민국은 작은 국토에 많은 인구가 몰려 살기에, 송전단가를 따로 계산하지 않는다. 울릉도나 백령도에 살아도 단일 계산법으로 전기요금을 부과하고 있다. 미국은 다르다. 긴 송전선을 연결해서 전기를 제공받는 곳에는 더 많은 전기요금을 부과한다. 이러한 송전요금이 부담이 되기에, 고립된 도시는 독자 발전원을 갖고자 한다.

이에 부응하고자 만들게 된 것이 SMR이다. SMR는 일반 화력발전소보다 적은 300MW^{30만kW} 내외의 전기를 생산하니, 고립된 지역이 송전선로 건설 없이 지을 수 있는 발전원이 된다. 그곳이 더 많은 전기를 써야 한다면 SMR을 두 기, 세 기 설치하면 된다.

고립 지역은 대개 내륙에 있다. 그곳에 화력발전소를 지으면 대기오염이 일어나고, 내륙에는 수자원도 풍부하지 않아 수력발전도 마땅치 않다. 재생 에너지 발전도 시원치 않다면 SMR이 적격이 된다. 그래서 미국 중국 러시아 캐나다 같은 대국과 인구가 적은 나라들이 SMR에 관심을 가진다.

SMR은 터만 닦아 놓으면 바로 갖다 설치할 수 있으니 긴급히 전기가 필요한 곳에도 적격이다. 2차 대전과 6·25 전쟁 때 미 해군은 디젤 발전기를 실은 '발전함發電艦'을 운용했다. 아군이 점령한 지역의 항구에 발전함을 정박해 놓고, 적지敵地 작전을 하는 아군에게 전력을 공급했다. SMR이 본격화하면 SMR을 실은 발전함이 나올 것이다.

그런데 SMR의 발전단가는 대형 원전보다 비싸다. 대한민국처럼 좁은 국토에 많은 인구가 몰려 산다면 초고압 송전선로를 건설해도 대형 원전을 짓는 것이 SMR을 두는 것보다 경제적이다. 그러나 원전 강국인 대한민국은 SMR의 수출을 포기할 수는 없다.

그래서 한국수력원자력이 산업통상부, 과학기술정보통신부와 같이 우리말로는 '혁신형 SMR'이 되는 i-SMR^{innovative SMR}을 개발하고 있다. 그런데 i-SMR 개발에 '원전 제조계의 지존至尊'이라는 자부심을 갖고 있는 두산에너빌리티는 참여하지 않았다.

한국이 설계한 i-SMR은 물론이고 미국의 뉴스케일파워나 테라파워가 설계한 SMR도 가격 경쟁력을 갖추려면, 두산에너빌리티에 제조를 의뢰할 수밖에 없다고 본 탓이다. 두산에너빌리티가 독자 SMR을 설계해 생산하면 이들과 치열히 경쟁해야 하지만, 이들의 SMR을 OEM으로 위탁 생산해 주면 전 세계 SMR 생산을 독점할 수 있다.

테라 파워의 빌게이츠는 여러 번 한국을 방문해 원자력계와 접촉했다. 2025년에도 한국을 찾아 이재명 대통령과 원자력계 인사를 만났다. SMR이든 대형 원전이든 차세대 원전이든 한국과 같이 하는 것이 가장 낮기 때문이었다.

포스코 "월성 1호기를 내게 주시오"

SMR이 등장해도 대형 원전의 장점은 사라지지 않는다. 한국처럼 인구가 밀집한 나라에서는 대형 원전이 훨씬 더 경제적이기 때문이다.

삼성전자의 평택 캠퍼스만 10 기가와트, SK 하이닉스가 7.5 기가와트, 포스코가 25 기가와트의 전기를 필요로 하는 등 많은 전기를 쓰는 대기업들이 늘어나고 있는 것을 가벼이 볼 수가 없다. 전기요금은 인건비와 함께 원가를 결정짓는 핵심 요소인이기 때문이다. 전기요금이 오르면 기업들은 수출경쟁력을 가질 수 없다. 이들이 국내에 내놓는 제품의 가격도 올라갈 것이니 물가도 요동칠 것이다.

그런데 좌파 정부는 재생 에너지 발전을 늘이고 있으니 전기요금이 올라간다. 이러한 상황을 피하고자 한다면 대기업은 스스로 대형 원전을 짓거나 인수해 운영하는 것이 좋은 방법이 된다. 이 원전은 기업 근처에 건설해 이 기업에게만 전기를 제공하므로 긴 초고압 송전선을 지을 이유가 없다.

이런 경향성을 가장 강하게 보이고 있는 곳은 포스코이다. 포스코는 이산화탄소 발생이 많은 코크스를 사용하는 고로를 전기로로 바꿔야 하는데, 전기로를 운영하려면 막대한 전기가 필요하다.

고로를 그대로 쓸 경우에는 수소 환원제철을 하면 된다. 수소 환원제철을 하면 이산화탄소가 거의 발생하지 않기 때문이다. 수소 환원제철을 위해서는 다량의 수소가 있어야 하는데, 이 수소는 물H_2O을 전기분해해 만들 수 있다. 다량의 수소를 만들려면 많은 전기분해를 해야하니, 역시 많은 전력이 필요하다. 전기로로 바꿔도, 수소 환원제철을 해도 포스코는 무조건 많은 전기가 필요한 것이다.

2017년 우리는 대한민국 최초의 원전인 고리 1호기를 계속운전 10년만 한 상황에서 폐로를 결정했다. 미국은 계속운전을 30~40년씩 하고 있는데, 경주지진에 놀라 빨리 폐로한 것이다. 그리고 문재인 정부는 월성 1호기도 계속운전 10년 만에 폐로하게 했다.

월성원전은 중수로이다. 일반적인 원전인 경수로에는 대형 원자로가 하나 들어간다. 중수로에서 원자로 역할을 하는 것을 '압력관'이라고 하는데, 월성의 중수로에는 380여 개의 압력관이 들어가 있다. 월성 1호기에는 작은 원자로압력관 380개가 들어가 있는 것이다.

OPR-1000이나 APR-1400 같은 경수로의 원자로에는 약 1년의 시차를 두고 수백 개의 핵연료 다발을 장전해 3년 남짓 태운다. 새로 들어간 놈, 1년간 탄 놈, 2년간 탄 놈을 3분의 1씩 섞어 원자로를 가동하는 것인데, 이렇게 해야 균일한 핵분열이 일어난다. 때문에 1년에 한 번씩 원자로를 세우고 3년을 탄 핵연료는 꺼내 사용후핵연료로 돌리고 새 핵연료를 장전한다.

중수로의 한 개 압력관에는 16개의 핵연료 다발을 넣는다. 그런데 380개 압력관을 한꺼번에 돌리지 않고 하루에 한 개의 압력관에 이 핵연료 다발을 넣고 돌린다. 때문에 3년이 지나면 거의 매일 한 개의 압력관을 열어 다 탄 핵연료 다발을 꺼내 사용후핵연료로 돌리고, 새 핵연료 다발을 장전한다. 압력관 별로 매일 핵연료를 교체하니 중수로는 전체를 세울 일이 없다.

경수로의 원자로나 중수로의 압력관은 핵분열하는 핵연료에서 발생하는 방사선을 맞기에 물성物性이 변할 수 있다. 이들의 물성이 변하면 안전성을 담보하지 못하니, 어떠한 나라의 원자력안전위원회도 계속운전을 허가해 주지 않는다. 그런데 원자로 제작자와 이들을 감시했던 규제 당국은 안전을 위해 원자로를 아주 단단하게 만들게 했기에, 설계수명이 끝나도 10년은 물론이고 30, 40년까지의 계속운전이 가능하게 되었다.

고리 1호기도 충분히 더 가동할 수 있었으나 우리는 10년만 계속운전하고 폐로해 버렸다. 월성 1호기는 이러한 상황을 맞지 않게 하려고 한수원은 380개 압력관 전부를 새 걸로 갈아버렸다. 이렇게 하면 30, 40년이 아니라 50, 60년을 더 돌려도 된다. 당연히 원자력안전위원회의는 계속운전 10년을 허가했다.

그리고 10년이 지나 2차로 계속운전 10년을 허가받으려고 했을 때 문재인 정부가 '잔인한 수'를 썼다. 계속운전을 하고 있는 월성 1호기의 가동률을 줄여, 이 원전이 생산하는 전기는 경제성이 없다고 꾸민

141

것이다^{수치조작}. 그리고 폐로를 하게 했다. 10년밖에 쓰지 않은 새 압력관을 갖춘 월성 1호기를 버리게 했다.

포스코가 이 월성 1호기에 주목했다. 한수원이 돌리지 못하게 된 월성 1호기를 포스코가 사서 자사용 전기만 생산하면 안 되느냐고 문의한 것이다. 포스코는 같은 처지가 될 가능성이 높은 월성 2·3·4도 인수해 자사 전용 원전으로 사용하고자 한다. 2026년 현재 정부는 이 문의에 답을 주지 못하고 있다.

'원전 민영화'를 향한 가열찬 요구

포스코의 제안으로 다른 대기업들도 자사용 원전 도입을 내놓고 거론할 수 있게 되었다. 재생에너지 발전으로 단가가 높아진 한전의 전기를 사쓰는 것보다 자사가 돌린 원전에서 나온 전기로 물품을 만드는 것이 더 이익이기 때문이다. 이러한 흐름을 '원전 민영화'로 표현할 수 있다.

2026년 현재의 법에 따르면 원전은 한전이나 한수원이 전기를 생산하는 데만 사용하게 되어 있다. 이 법을 바꿔 민간 기업도 원전을 지어 자가^{自家}발전을 하도록 법을 개정하자는 것이 원전 민영화의 요체다.

원전을 짓는 일은 현대건설이나 삼성물산 건설 부문, 대우건설, DL이앤씨 같은 K-건설회사가, 원자로와 증기발생기 제작은 두산에너빌리티가 하면 된다. 문제는 원자로의 운영인데, 이는 많은 원자로

조종사를 거느리고 원전 운전 경험을 쌓아온 한수원이 대행해 주면 된다. 한수원은 원전 가동 자회사를 만들어 매출과 조직을 늘이는 것이다.

동해안에 AI 센터와 해수담수화 시설을

여기에 AI 시대와 수소 에너지 시대가 가세하고 있다. 앞에서 밝혔듯이 AI 이용자가 늘어나면 전력 사용도 폭증한다. 데이터센터가 많은 전기를 잡아먹기 때문이다. 데이터센터는 전기만 먹지 않는다. 24시간 늘 가동해야 하니 많은 열이 발생해 이를 식혀주는 냉각수를 필요로 한다. 이 냉각수의 양이 또한 어머어마하다.

하이퍼스케일의 데이터 센터는 증발시켜야 할 정도로 많은 냉각수를 필요로 한다. 그런데 소금기 때문에 바닷물로는 냉각을 할 수가 없다. 민물을 사용해야 한다. 대한민국에서 가장 큰 '물통'은 소양강댐이다. 그래서 강원도는 이 댐에 가까운 춘천을 AI 센터로 만들자는 계획을 세웠지만, 이는 비현실적이라는 주장이 많다.

소양강댐을 비롯해 한강의 댐에 담겨 있는 물은 이미 용처가 정해져 있기 때문이다. 삼성전자와 SK 하이닉스 등 중부권에 위치한 대규모 공장은 팔당댐으로부터 용수를 공급받고 있다. 서울과 경인권 시민들의 상수원도 팔당댐과 그 하류에 있다. 한강 물은 농업에도 써야 하고 취수원으로도 써야 한다.

한강에도 일정한 물이 흘러야 환경이 보전된다. 그런데 AI용 하이퍼스케일의 데이터센터를 지어 춘천에서부터 한강 물을 말려버리면 중하류의 공장과 도시는 심각한 물 부족을 겪게 된다. 때문에 소양강댐이나 충주댐 등이 있는 내륙에 하이퍼스케일의 데이터 센트를 짓지 말고 동해안에 짓자는 주장이 나오고 있다.

동해 깊은 바다에서 뽑아 올려 탈염脫鹽을 한 '해양 심층수'가 식수로 인기를 끈 적이 있었다. 하이퍼스케일의 대형 데이터센터가 필요로 하는 냉각수를 무진장인 동해 심층수를 탈염해 민물 대신으로 활용하자는 주장이 나왔다. 심층수를 뽑아 담수화하는 것을 '해수 담수화'라고 하는데, 해수 담수화 공정에도 많은 전기가 들어간다.

그렇다면 동해안에 대형 원전과 하이퍼스케일의 데이터센터와 해수담수화 시설을 같이 짓고, 이 원전에서 나온 전기로 데이터센터와 해수 담수화 시설을 구동하는 것이다. 이는 삼성전자 등 기존 회사가 밀집한 중부권 개발만 하지 말고 궁벽한 다른 곳을 개발하는 주장도 돈다.

수소가 미래의 에너지가 된다면 이 원전에서 생산한 전기로 물을 전기분해해 다량의 수소도 생산할 수 있다. 이러한 주장은 동해안에 문재인 정권이 취소시킨 원전 부지인 대진강원 삼척과 천지경북 울진가 있기에 나온 것이다. 이 부지를 되살려 대형 원전을 짓고 데이터센터와 수소산업단지를 만든다면 동해안은 천지개벽을 맞게 된다.

공교롭게도 대한민국 원전의 3분의 2 이상이 동해안에 있다. 동해안에는 경주 방폐장과 한국원자력연구원의 분원인 문무대왕연구소도 있다. 지반 조건과 해양 수송을 고려할 경우 농축공장과 재처리공장, 사용후핵연료 중간저장시설과 고준위 방폐장도 이곳에 들어설 가능성이 높다.

우리 원전의 45%가량이 경북월성과 울진에 있는데, 경북도는 2006년 취임해 3선을 하고 퇴임한 김관용 지사와 그 뒤를 이은 이철우 지사는 이에 주목해 경상북도에 원자력 클러스터를 만들자는 운동을 해왔다

프랑스의 원전 비중이 70%인데 대한민국이 30%라는 것은 한국의 원전이 확장 가능성을 갖고 있다는 뜻이다. 이재명 정부는 탈석탄동맹에 가입해 25% 내외인 한국의 석탄발전 비중을 2040년에 제로로 만들겠다고 했으니, 그 공백을 원전이 메우게 해야 한다.

한국이 APR-1400을 더 지어간다면 체코에서 대한민국을 골탕 먹인 웨스팅하우스의 주인인 브룩필드를 혼내는 길을 찾아낼 수도 있을 것이다. 웨스팅하우스의 기술이 전혀 들어가 있지 않은 새 원전을 설계할 수 있기 때문이다. 원전 민영화 등으로 APR-1400을 지어가는 과정에서 누구도 문제를 제기할 수 없는 국산 원전을 설계해내야 한다.

대한민국은 원전의 민영화로 질주해야 한다.

03

핵무력을 잡는 핵능력

- 무역국가인 대한민국은 해군 기반의 원정군 가져야
- 핵무기로 싸우는 3차 대전은 일어날까
- 미국의 러·중 봉쇄에 참여할 수 있는 대한민국
- 2격과 KAMD, 핵능력을 확보한 원자력 강국을 향하여

무역국가인 대한민국은
해군 기반의 원정군 가져야

F-35B 탑재를 전제로 구상하고 있는 한국형 항모. 해병대 1사단을 태울 수 있는 이 항모에
7기동함대와 잠수함사, 해군항공사, 53상륙전대 세력을 붙여 '한국형 원정군'을 구성할 수 있어야 한다.

영토를 맞대고 있더라도 양국 사이가 우호적이고, 국경지대가 거
대한 산맥이나 사막 같은 천연의 장벽이라면, 이 국경에 '돈 먹는 하마'
인 군을 주둔시킬 이유가 없다. 이러한 나라들은 대개 국경의 통로를
지키는 '국경경비대Border guard, '국방수비대'로 표현하는 경우도 있다'를 두고 있다. 우

리는 해안경비대 역할을 하는 해양경찰은 있지만 국경경비대는 없다.

이렇게 하고 있는 나라들의 대표가 EU 회원국들이다. 미국도 캐나다·멕시코와 접한 국경에 국경경비대를 두고 있다. 북한과 중국, 북한과 러시아의 사이도 마찬가지다.

국경경비대는 대개 내무부 소속인데 국가마다 내무부의 이름이 다르다. 대한민국은 행정안전부라고 하지만, 북한은 '사회안전성'을 두었다. 북한은 군사력을 강조하기에 국경경비대를 '사회안전군'으로 부르고 있다. 연방국가인 미국에는 내무부가 없어 국토안보부 밑에 국경경비대가 있다.

중무장한 군을 국경경비대로 쓰고 있는 대한민국

내무부 소속 국경경비대로 국경을 지키게 하는 것은 국경을 맞댄 국가에 '침략할 뜻이 없음'를 전달하기 위해서다. 이들은 군은 국방부가 관리하게 하며 적국이나 가상적국과 싸울 준비만 시킨다.

'중重무장'한 군으로 국경을 지키는 것은 적국과 인접한 경우다. 대표적인 예가 남·북한이다. 이북은 DMZ의 서쪽에서부터 4·2·5·1군단을, 우리는 수도·1·5·3·2군단을 두고 대립하고 있다. 남·북한은 전쟁 때문에 국경경비대나 해안경비대가 아니라 군으로 경계선을 지키게 한 경우다. 그런데 자세히 보면 경계선 중의 경계선인 비무장 지대에는 양

측이 국경경비대와 비슷한 조직을 두고 있는 것이 발견된다.

정전협정을 주도한 유엔이 경찰 비슷한 조직으로 비무장지대를 관리하게 한 탓이다. 우리의 '민정경찰'과 이북의 '민경대民警隊'가 그들이다. 보병사단에서 최고의 특공대는 적지에 먼저 침투하는 수색대^{정찰대로 부르는 경우도 많다}인데, 남·북은 경무장한 수색대원들에게 민정경찰과 민경대 직위를 줘 비무장지대를 관리하고 있다.

민정경찰과 민경대는 과거의 통로였던 곳만 관리한다. 때문에 이 둘이 투입돼 있지 않은 비무장지대는 뚫릴 수 있기에, 비무장 지대 바깥엔 중무장한 부대를 촘촘히 배치해 놓고 있다. 이 부대들은 뚫리면 안 되기에 경계 작전에 예민하다. 우리는 거의 모든 부대에 위수지역을 정해주고 '죽어라'고 지키게 하고 있다.

육군은 지상작전사령부가 지휘·통제하는 수도·1·5·3·2군단과 그 예하 사단으로 하여금 전방의 위수지역을 나누어 지키게 하고, 후방은 2작전사령부가 지휘·통제하는 지역방위사단으로 하여금 위수지역을 나누어 지키게 하였다. 해군은 1·2·3함대로 하여금 동·서·남해의 영해와 EEZ를 지키게 하였다.

공군은 그렇지 않다. 공군의 핵심 전투 전력인 비행단은 위수구역이 없다. 비행단별로 경계비행을 맡은 구역은 있지만, 이는 비행단이 하는 임무 중의 극히 일부일 뿐이다. 공군은 공군작전사령부의 지휘·통제 하에 전 비행단이 한꺼번에 움직인다. 공군의 가장 유명한 작전인 공격편대군群, 일명 '스트라이크 패키지Strike Package' 작전을 할 때는 여러 비행단에서 출격을 한다.

17전투비행단에서는 F-35A 스텔스기, 11전투비행단에서는 강력한 무장을 갖춘 F-15K, 19·20전투비행단에서는 KF-16, 6·8전투비행단에서는 FA-50, 5공중기동비행단에서는 시그너스 공중급유기, 51항공통제비행전대에서는 피스아이 공중경보기, 6 탐색구조비행전대에서는 피격돼 비상탈출한 아군 조종사를 구하기 위한 탐색구조 헬기를 뽑아내 한 덩어리로 날아간다.

그런데 조금 더 자세히 살펴보면, 위수구역을 맡지 않은 또 다른 부대가 발견된다. '북진선봉부대'란 별명을 갖고 있는 육군의 7기동군단이 대표적이다. 수도기계화보병사단·8기동사단·11기동사단· 2신속대응사단을 거느린 이 군단은 유사시 이북으로 치고 들어가는 임무를 맡기에, 주둔지 이외에는 위수구역을 갖지 않는다.

이때 7기동군단과 같이 작전을 수행하는 부대가 육군항공사령부다. 육군항공사령부는 공격헬기와 기동헬기로 7기동군단의 진격을 돕는다. 육군항공사령부도 기동부대이기에 주둔지 외에는 위수구역을 갖지 않는다. 7기동군단이 북진에 성공하면 수도군단을 제외한 1·5·3·2군단도 전방의 인민군 군단을 궤멸하며 북진한다. 위수구역 방어에 치중하지 않는 것이다.

포항에 있는 해병대 1사단도 주둔지 위수작전 외에는 방어작전을 하지 않는다. 이 부대는 유사시 해군의 53상륙함전대가 제공한 상륙함 세력을 타고 북한 해안으로 상륙해야 하기 때문이다. 이러한 해병대 1사단과 해군 53상륙함전대 세력을 해군의 7기동함대가 엄호한다.

해군 7기동함대도 모항인 제주기지는 방어하지만 따로 지켜야 할 바다가 없다. 작전에 들어간 1·2·3함대를 지원하거나 해병대 상륙작전의 지원, 아니면 적 함대를 찾아가 부수는 것을 목적으로 만들었기 때문이다. 그런데 바다로는 북한뿐만 아니라 다른 나라로도 이어지니, 육군의 7기동군단보다 더 넓은 지역을 작전 무대로 삼는다.

현무 등 장거리 미사일을 운용하는 전략사령부도 위수구역이 없다. 이렇게 위수구역이 없는 부대가 '한국의 의지'를 타국에 강제할 수 있는 '무력'이나 '폭력'이 될 수 있다. 폭력이라는 단어에 놀라거나 무조건 거부감을 가질 필요는 없다. 폭력은 실재하는 것이기에 정치학과 사회학, 군사학에서는 쉽게 거론한다.

클라우제비츠는 『전쟁론』에서 전쟁을 '자국의 의지를 상대 국가에 강요하기 위한 폭력적인 행위' '다른 수단에 의한 정치의 연속'으로 정의하였다. 갈등은 국경을 맞댄 나라는 물론이고 다소 떨어진 나라와의 사이에서도 일어날 수 있는데, 이를 정치·외교 대화로 해결하지 못해 무력을 사용하는 상황이 올 수가 있다. 좋은 예가 2026년 1월 3일 일어난 미국의 베네수엘라 침공이다.

맨날 얻어맞고 사는 나라가 되지 않으려면

지금의 우리는 북한만을 적으로 잡고 있지만, 국제정치가 변하면 다른 나라도 가상적이나 적으로 삼을 수 있다. 이들과 심각한 갈등이 일어나, 선제공격을 당하면 어떻게 할 것인가? '힘이 없다'면 순수 방어나 해야겠지만, 그렇지 않다면 선제공격을 하거나 그 공격을 막아내고 응징·보복하는 작전을 생각해야 한다.

그 국가가 육지로 이어져 있다면, 전략사령부의 장거리 미사일과 공군작전사령부의 전폭기 등으로 공습을 하고, 육·해군이 모든 포와 미사일·무인기를 동원한 타격을 한 후 공군작전사령부와 육군항공사령부의 항공지원을 받은 육군 7기동군단의 투입을 생각할 수 있을 것이다. 주공主攻을 하는 것이다. 그 국가가 바다에 면해 있다면 해군 7기동함대와 53상륙전대의 지원을 받은 해병대 1사단을 상륙시켜 조공助攻으로 삼을 수도 있다.

바다를 사이에 둔 아주 먼 나라와 대립이 일어난다면, 7기동함대와 53상륙전대, 해병대 1사단만 보내야 할 것이다. 이 부대는 적 함대는 물론이고 적 항공기 및 미사일과도 싸워야 하니, 방공防空능력과 함께 적 함대와 적지敵地를 때릴 수 있는 타격력을 가져야 한다.

적 항공기와 미사일 공습을 전문적으로 막는 함정이 이지스함이다. 우리는 7기동함대를 세 개71·72·73의 기동전단으로 구성하고 있는데, 이 기동전단에는 이지스 구축함 두 척, 이지스 구축함보다 약간 작은 한국형 이지스 구축함 두 척, 일반 구축함 두 척을 두고자 한다2+2+2=6척. 7기동함대는 이지스 구축함과 한국형 이지스 구축함, 일반 구축함을 여섯 척씩 가진 18 척 체제의 함대가 된다.

이 이지스 구축함과 한국형 이지스 구축함이 방공防空작전을 수행한다. 이지스함에는 적이 쏜 미사일을 요격하는 SM-3나 6, 적기를 잡는 SM-2 미사일과 적기와 적 미사일의 항적을 정확히 추적하는 SPY 레이더가 탑재되어 있기 때문이다. 이지스함에는 일반 구축함과 똑같이 적함을 잡는 해성 미사일, 적지를 공격하는 현무-3 순항미사일과 현무-4 탄도미사일이 탑재되는데 이들은 적함과 적지를 공격하는 핵심전력이 된다.

7기동함대가 작전할 때 53상륙전대에 소속되어 있는 대형상륙함 세 척을 추가로 배속시킬 수 있다. 마린온 헬기 15대 내외와 한 개 대대의 해병대를 태우는 '독도급'을 투입하는 것이다. 이 대형상륙함이 우리에게는 헬기 항모와 해병대를 수송하는 수송함 역할을 겸한다. 마린온 헬기는 상륙작전 시 해병대 요원을 적 해안 넘어 깊숙한 곳에 강습시키는 임무를 한다. 상륙한 해병대가 진격하면 공중 수송과 엄호를 전담한다.

그러나 헬기 전력의 지원만으론 상륙작전과 이후의 진공작전의 성공을 자신할 수 없다. 적 고정익기가 날아와 공격할 수 있으니 이들과 싸울 세력을 갖고 있어야 한다. 우리도 고정익기 세력이 있어야 하는 것이다. 고정익기 세력이 있어야 헬기의 지원을 받아 진격하는 해병대의 작전이 원활해진다. 이 때문에 헬기는 물론이고 고정익기도 탑재하면서 해병대도 두 개 대대나 한 개 여단을 태울 수 있는 강습상륙함이 필요하다는 강한 주장이 나온다.

함정에서 띄울 수 있는 고정익기 가운데 가장 강력한 것은 F-35C 스텔스기다. 그러나 이를 제작한 미국은 F-35C를 수출하지 않고 미국 항모에서만 사용하게 하고 있다. 따라서 '단거리 이함/수직 착함' 능력을 가진 F-35B 스텔스기가 2026년 현재 우리가 구해 볼 수 있는 최강의 함재기가 된다.

독도급 대형상륙함에서는 F-35B를 운용할 수 없다. 헬기 수송에 특화된 함정이기 때문이다. F-35B를 운영하는 최대의 함정은 영국의 퀸엘리자베스급 항공모함6만 5천t이고, 미 해군의 아메리카급 강습상륙함4만 6천여t과 와스프급 강습상륙함4만 1천여t, 이탈리아의 트리에스테 강습상륙함3만 8천여t 등이 뒤를 잇고 있다. 강습상륙함은 항모만큼 속도는 빠르지 않지만, 해병대도 태워 작전할 수 있다는 것이 장점이다.

우리보다 인구와 경제 규모가 조금 더 큰 '반도 국가'인 이탈리아가 3만 8천여t인 트리에스터함말고도 3만t급의 강습상륙함인 카보우르함을 보유하고 있다. 트리에스터 강습상륙함은 F-35B 20대와 해병대 600여 명을, 카보우르함은 구형 수직이착함기인 해리어 16대와 300여 명의 해병대를 태울 수 있다.

이탈리아는 북아프리카와 발칸반도 사태에 영향을 받기에, 기동함대의 엄호를 받는 이러한 강습상륙함 세력을 보내 작전을 하고 있다. 이탈리아 해군을 참조해 단단한 해상자위대를 만든 것이 일본이다. 일본은 3,000여 km로 길게 이어진 '열도의 나라'이기에 해군력 육성에 더 많은 신경을 썼다.

일본 해상자위대는 기동함대를 '호위함대'라고 하는데, 호위함대는 네 개의 호위대군護衛隊群으로 구성된다. 한 개 호위대군은 헬기구축함 1척, 이지스 구축함 2척, 일반 구축함 5척으로 편성된다. 전체 호위함대의 전력은 헬기구축함 4척, 이지스 구축함 8척, 일반 구축함 12척으로 도합 32척이니, 18척인 우리 기동함대의 배가 되고 있다.

헬기구축함은 독도급보다 조금 큰 1만 8천여t이다. 그러나 전투함이라 상륙함인 독도급보다 속도는 훨씬 빠르다. 일본 해상자위대엔 해병대가 없으니 헬기구축함은 순수 헬기 항모 역할만 한다. 일본 해상자위대는 이 헬기구축함을 개조해 F-35B를 탑재하고자 한다. 중국 해군이 중형 항모인 랴오닝遼寧, 5만여t급 세 척을 운영하고 있으니 대응에 나선 것이다.

강습상륙함 기반으로 한국형 원정군 창설 필요

이러한 사실은 우리도 4만t급 내외의 강습상륙함을 가져야 한다는 것을 보여준다. 독도급 다음엔 F-35B와 보다 많은 해병대를 태울 수 있도록 4만t 정도의 강습상륙함을 건조해야 한다는 주장이 힘을 얻고 있

     03 | 핵무력을 잡는 핵능력

는 것이다. 세 척의 강습상륙함에 각각 20여 대의 F-35B를 탑재하려면, 해군항공사령부는 3개 대대로 구성된 F-35B 한 개 비행단60여 대 이상을 갖고 있어야 한다.

함재기를 탑재한 강습상륙함을 중심으로 기동함대가 작전하면 적은 잠수함으로 대응할 수 있다. 그렇다면 잠수함사령부는 잠수함을 출동시켜 이 기동함대를 수중에서 엄호하며 적 잠수함과의 수중전에 대비해야 한다. 작전에 나간 기동함대는 강습상륙함+기동함대로 구성된 수상함 세력에 F-35B와 헬기로 구성된 항공세력 그리고 잠수함으로 구성된다. 이러한 부대가 육군과 공군이 지원할 수 없는 먼 곳에서 우리의 국익을 지키는 원정군이 된다.

우리가 처할 수 있는 전쟁의 모습은 다양하다. 북한이나 인접국과 벌일 전면전은 합참이나 한미연합사가 통합전투사령부가 돼 지휘·통제하며 작전하면 된다. 그러나 바다 등으로 이격된 적과 제한전을 한다면 해군이 중심이 된 '원정군'을 편성해야 한다. 이 원정군이 한반도 유사시 이북에 상륙하는 전투력이 될 수도 있다.

평화를 중시해야지 무슨 원정군을 만드느냐고 하는 사람이 있겠지만, 평화를 사랑한다는 강대국도 나름대로의 원정군을 갖고 있다. 원정군을 갖고 있기에 오히려 싸우지 않고 평화를 유지한다. 미국과 러시아로 대표되는 초강국이 갖고 있는 핵전력이 가장 대표적인 원정군이다. 이들은 언제 어디에서나 적은 물론이고 가상적에게 핵 공격을 가할 수 있으니 평화롭게 지낼 수 있다.

생명줄인 에너지 수입로와 무역로를 지키려면

재생에너지나 화석에너지가 풍부한 데는 사람이 살기엔 불편한 곳인 경우가 많다. 인구가 희박해졌으니 그곳에서는 자연이 제공하는 재생에너지와 화석에너지만으로도 살아갈 수 있다. 그러나 '살기 좋기'에 많은 사람이 유입돼 인구 과잉으로 에너지가 부족해진 곳은, 외부에서 에너지를 공급받아야 한다.

대표적인 나라가 대한민국과 일본이다. 여러 기관들은 대한민국의 에너지 자급률을 17% 내외, 일본은 13% 좌우로 밝히고 있다. OECD 국가의 평균 에너지 자급률이 70% 남짓인데, 두 국가는 현저히 부족해 에너지를 수입한다.

2024년 대한민국의 에너지 수입액은 1,613억 4,000만 달러였다.[1] 하루에 4억 4,202만 달러어치를 수입한 셈이다. 이를 구성별로 나눠보면 석유가 1,142억 4,000만 달러[70.80%], 천연가스[LNG]가 292억 7,000만 달러[18.14%], 석탄이 164억 9,000만 달러[10.22%], 우라늄이 13억 4,000만 달러[0.83%]였다.

압도적으로 석유가 많았는데 하루에 3억 1298만 달러어치를 수입했다. 가장 적었던 우라늄의 하루 수입 치는 367만 달러에 불과했다.

---

[1] 2024년 대한민국의 수입액은 약 6,320억 달러였으니 대한민국은 수입액의 25.5% 이상을 에너지 수입에 썼다. 대한민국은 수입액의 4분의 1을 에너지 수입에 쓰고 있다.

가장 많이 수입한 석유는 취사·난방·구동 등의 연료는 물론이고 유화 제품 등의 원료, 발전용 연료 등으로 사용된다. 이 석유가 끊어지고 정부 비축분도 바닥난다면 우리는 AI 시대는 물론이고 산업사회도 누리지 못한다. 이러한 석유를 100% 해상 운송으로 도입하고 있다.

한 국가의 경제에서 무역이 차지하고 있는 비중을 '무역의존도'라고 한다. 대한민국은 무역의존도가 항시 60%가 넘는 나라다. 해외에서 원료를 가져와 가공한 다음 수출하다 보니, 우리는 해외에 더 큰 시장을 갖고 있는 세계적인 무역국가가 되었다. 이러한 대외 무역의 99.7%를 해상운송이 담당한다.

우리는 6·25 전쟁 때문에 지상전을 중시하는 나라가 되었다. 그러나 산업화 이후론 해양 수송로에 국가 발전의 명운을 걸게 됐으니, 이 수송로를 지켜낼 해군력을 가져야 한다.

일본은 1,000해리까지 나가서 일본의 이익을 지키자는 '1,000해리 전수방위專守防衛' 개념으로 해상자위대의 호위함대를 키워냈다. 우리는 600해리에서부터라도 우리를 지켜내는 기동함대를 만들고 해병대와 같이 원정군으로 삼아야 한다.

핵무기로 싸우는 3차 대전은 일어날까

유엔은 미국과 영국이 만든 연합국에서 비롯됐다. 이 연합에 중국과
소련(러시아), 프랑스가 참여해 유엔 안보리의 5대 상임이사국이 됐다.
중국과 러시아는 유엔 체제를 깰 의사는 없는 것이 확실하다.

클라우제비츠가 전쟁을 '다른 수단에 의한 정치국제정치의 연속'이라고 정의한 것은 탁월하다. 지금의 국제정치를 결정한 것은 이 정치에 참여한 나라들이 만든 전쟁이었다.

핵전쟁일 수 있는 제3차 세계대전은 일어날 수 있는지 궁금해하는 사람이 많다. 3차 대전은 지금의 체제를 깨면서 일어나기에 이를 예측하려면 지금의 체제부터 알아야 한다.

지금의 세계질서는 2차 대전 체제이다. 지금 세계 정부 역할을 하는 것은 유엔이니 '유엔 체제'로 부를 수도 있겠다. 이 체제는 미국과 영국이 중심이 된 연합국이 독일과 일본이 만든 추축국을 격파함으로써 만들어졌다.

놀라웠던 나치 독일의 전격전

먼저 나치 독일이 전쟁을 하게 된 과정을 보자. 1933년 1월 30일, 제1차 세계대전 패전 후 만든 바이마르 공화국의 총리로 취임한 나치당의 아돌프 히틀러는 이듬해인 1934년 8월 2일 파울 폰 힌덴부르크 대통령이 사망하자 대통령직을 이어받았다.

그리고 1934년 8월 19일 국민투표를 통해 총리와 대통령을 겸하는 것을 인정받아 '퓌러Führer'가 되었다. 독일어 '퓌러'는 우리말로 '수령, 영도자, 지도자' 등이 된다.

나치당이 인기를 끌자 같은 독일어를 쓰는 오스트리아에도 나치 세력이 급성장했다. 이들이 준동하자 히틀러는 1938년 3월 12일 독일 육군에 오스트리아로의 진공을 명령했는데, 내분 때문에 오스트리아 군의 저항이 없어 독일 육군은 무저항·무혈로 오스트리아에 입성하였다.

다음날 오스트리아의 수도인 빈을 방문한 히틀러는 오스트리아의 임시대통령을 만나 양국 합병안에 서명하였다. 히틀러는 오스트리아 태생이었기에 그곳에서 열렬한 환영을 받았다. 그리고 4월 10일 국민투표에서 오스트리아 국민의 97%가 찬성하여 합병안이 확정되었다. 독일어로 안슐루스Anschluss는 통합이나 합병을 뜻하는 말인데, 이 사건은 '안슐루스'로 불린다.

체코슬로바키아에도 독일인들이 많았는데, 독일인이 많이 사는 곳 300여만 명을 '주데텐란트Sudetenland'로 불렀다. 이곳에서도 나치를 지지하는 독일인들이 독일에 합병하자는 운동을 일으켰다. 체코슬로바키아는 오스트리아-헝가리 제국의 지배를 받다가 제1차 대전에서 오스트리아-헝가리 제국이 패배한 까닭에 연합국이 체코인과 슬로바키아인 거주 지역을 합쳐 독립시켜 준 나라였다.

연합국인 영·프가 만들어준 나라였기에 체코슬로바키아는 영·프의 눈치를 볼 수밖에 없었다. 그런데 영·프는 강력해지고 있는 나치 독일의 눈치를 봤다.

안슐루스에 이어 주데텐란트 사건이 국제적인 문제가 되자 영·프의 총리가 독일 뮌헨에서 히틀러를 만났다. 그리고 1938년 9월 30일, 주데텐 란트를 독일에 주는 대신 독일은 국제문제를 일으키지 않는다는 협정뮌헨 협정을 맺었다. 나치 독일은 6개월 만에 영토를 크게 확장하게 된 것이다.

1년이 지난 1939년 8월 23일, 나치 독일은 스탈린이 이끄는 공산 소련과 서로 싸우지 않는다는 '불가침조약'을 맺었다. 그리고 채 한 달 도 안 된 9월 1일 독일이 폴란드를 침공하고, 9월 17일에는 소련이 폴 란드를 공격해 폴란드를 나눠 가졌다.

폴란드는 영·프와 상호방위조약을 맺고 있었기에 영·프는 폴란드 를 돕는다고 파병했으나, 기세등등한 독일과 직접 교전하는 것은 피하 고 진지에만 머물렀다. 폴란드의 멸망을 지켜보기만 한 것이다.

다시 1년이 지난 1940년 4월 9일, 나치 독일은 중립국을 자처한 덴 마크로 진공하고 노르웨이도 점령해 영·프를 크게 긴장시켰다. 다음 달 인 5월 10일엔 중립국을 자처한 룩셈부르크를 공격해 그날로 항복을 받고, 네덜란드5월 15일 항복와 역시 중립국을 선언했던 벨기에5월 28일 항복를 쳐 항복을 받고, 프랑스를 공격해 6월 22일 프랑스의 항복도 받아냈다.

전격전電擊戰, 독일어: Blitzkrieg의 위력을 보인 것이다. 큰 전과를 올린 독 일은 그해 7월 10일부터 항공기를 동원해 섬나라인 영국을 공격하는 세칭 '영국본토항공전'을 했으나, 영국의 저항이 거세 10월 31일부터 는 소강상태로 들어갔다. 여기에서 멈추었다면 독일은 유럽 최강국이 되었을 것이다. 그러나 참지 못했다.

다시 1년이 지난 1941년 6월 22일 나치 독일은 독·소 불가침조약을 깨고 소련을 침공했다. 전쟁을 할 때는 양쪽에 적을 만들어 전력을 분산하면 안 된다는 '양면전쟁 금지'의 원칙이 있는데, 이를 외면한 것이다.

덕분에 한숨 돌리게 된 영국의 처칠 총리가 그해 8월 9일 미국을 방문하여 12일까지 머물면서 루스벨트 대통령을 만나 비밀회담을 가졌다. 이들은 미국의 참전을 약속받은 '대서양 헌장'을 발표하였다. 나치 독일에 대항하는 미·영 연합을 만들기로 한 것인데, 루스벨트는 이 연합을 United Nations로 불렀다. 제1차 세계대전에 참전했던 윌슨 대통령이 연합국을 Associated Nations라고 하였는데, 루스벨트는 이를 의식하여 United Nations로 명명했다.

양면전쟁 도발했다 붕괴된 나치 독일

미국이 유럽전쟁 참전을 준비하고 있던 1941년 12월 7일, 일본의 연합함대가 미국의 태평양함대가 있는 하와이의 진주만 기지를 공격했다. 이를 계기로 미국은 일본과 바로 전쟁에 들어가며 유럽전쟁에 참전하게 되었다. 미국은 태평양에서 일본과 전쟁하며^{태평양전쟁} 유럽에서도 싸우는^{유럽전쟁} 양면전쟁을 하게 된 것이다.

독일군의 소련 침공은 1942년 12월 12일 시작된 스탈린그라드 전투에서부터 막히기 시작했다. 스탈린그라드 공방전에서 밀려난 독일군은 쿠르스크에서 소련군과 대치하다, 1943년 7월 5일부터 8월 23일 사이 '역사상 가장 큰 기동전'이라는 쿠르스크 전투를 치렀다. 이 전투에서 독일군이 조금 밀리면서 소강상태로 들어가는 상황이 반복되었다.

그 시기 미·영은 파시즘의 무솔리니가 이끄는 이탈리아 전투에 주력했다. 1943년 7월 22일 미·영이 시칠리아를 점령하자 무솔리니가 실각했다. 힘을 받은 이 연합군이 9월 3일 이탈리아 본토에 상륙하자 9월 8일 무솔리니가 없는 이탈리아는 항복했다.

독일 처지에서 이탈리아의 이렇게 빠른 항복은 배신이었다. 분노한 나치 독일은 병력을 보내 항복 세력을 몰아내고 무솔리니를 찾아내 이탈리아 북부에 미·영 연합에 대항하는 이탈리아를 다시 세워주었다.

이 이탈리아는 살로를 수도로 삼았기에 세계사에서는 '살로 공화국'으로 불린다. 미·영 연합군은 살로 군과 일진일퇴했다. 그러던 중인 1943년 11월 22일부터 26일 사이 이집트의 카이로에서 미·영 연합 수뇌가 일본의 침략을 받아 전쟁하고 있는 중국의 장개석 총통을 만나, 중국을 이 연합에 참여시켰다.

이어 이란의 테헤란으로 이동해 11월 28일부터 12월 1일까지 머물며 독일과 전쟁하고 있는 소련의 스탈린 총비서를 만나 소련도 이 연합에 가담시켰다. 미·영·중·소 연합을 만든 것이다. 이렇게 연합을 확대하자 독일과 일본의 후퇴 속도가 빨라졌다. 이탈리아 반도에서 조금씩 북상하던 미·영 연합군이 이듬해인 1944년 6월 4일 로마를 함락했다. 그리고 이탈리아 전투에 주력할 것이 아니라 프랑스에 상륙해 소련의 공세에 밀리고 있는 독일을 침공하기로 했다.

로마 점령 이틀 뒤인 1944년 6월 6일 미·영이 노르망디 상륙작전을 펼쳤다. 이때 영국에 망명한 드골 장군이 만든 프랑스 국민해방위원회Comité Français de Libération Nationale, CFLN란 프랑스 망명정부도 연합국의 일원으로 이 작전에 참여하였다. 미·영·중·소·프의 5대 연합국, united nations가 형성된 것이다.

양쪽에서 압박을 받게 된 독일군은 빠르게 무너졌다. 그해 7월부터 10월 사이 소련군이 루마니아 불가리아 헝가리를 차례로 해방하였다. 8월 25일엔 르클레르 장군이 이끄는 프랑스 육군 제2기갑사단이 파리에 입성해 파리를 해방시켰다. 연합군의 압박이 심해지자 1945년 5월 2일 살로공화국이 항복하고, 5월 8일 독일이 항복했다. 유럽전쟁은 공식 종료된 것이다.

일본 육군부가 주도한 군국주의

독일은 히틀러, 이탈리아는 무솔리니의 독재 때문에 전쟁에 뛰어들었지만, 일본은 육군부라는 조직 때문에 세계대전을 만들었다.

우리에게는 일본에 병합당하는 치욕의 길이 된 1894년의 청일전쟁과 1905년의 러일전쟁의 승리로 일본은 주목받는 열강으로 떠올랐다. 이때의 일본은 미·영과 가까웠기에 1914년 발발한 제1차 대전 때는 연합국에 가담했다.

1차 대전에서 승리한 연합국은 패전한 독일제국과 오스트리아-헝가리 제국을 약화하기 위해 윌슨 미국 대통령이 주창한 민족 자결주의를 받아들였다. 독일제국에 속해 있던 폴란드를 독립시키면서 독일의 영토를 줄였다. 오스트리아-헝가리 제국은 오스트리아와 헝가리의 두 나라로 나누고, 이 제국이 거느리고 있던 체코슬로바키아와 크로아티아·슬로베니아 등을 독립시켰다.

이때의 우리는 기미독립운동을 펼쳤으나 독립하지 못했다. 1차 대전 직후의 일본은 연합국이었기에 일본에는 민족자결주의가 적용되지 않은 탓이다. 러일전쟁 승리 후 일본은 러시아가 청淸으로부터 조차租借, lease 받아 운영하던 요동반도를 넘겨받았다. 일본은 이곳을 관동주關東州로 명명하고 관동도독부라는 통치기관을 두고, '관동군'으로 불린 육군 부대를 주둔시켰다.

일본은 천황은 있으나 통치하지 않고 총리가 국가를 운영하는 입헌군주제 국가였다. 국가원수는 통수권자를 겸하기에 천황은 '대원수' 계급을 받고 있었다. 당시엔 국방부가 없고 육군부와 해군부가 있었다. 일본 육군부와 해군부는 군정軍政 사항은 일본 국민을 대표하는 총리의 통제를 받고 있었지만, 작전과 관련된 군령軍令은 군인들이 하는 것이니 대원수인 천황의 통제를 받았다.

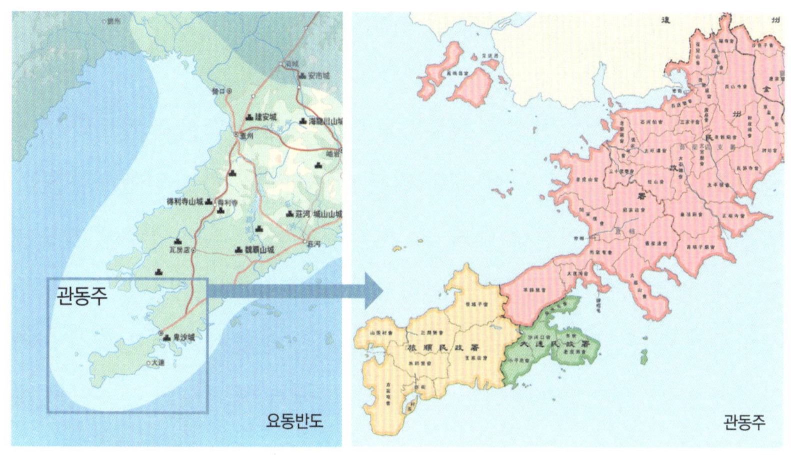

러일전쟁에서 이긴 일본은 청(淸)으로부터 안중근 의사가 투옥됐던 여순과, 대련이 있는 요동반도의 끝을 조차받아 '관동주(關東州)'로 명명하고 '관동도독부'라는 통치기관을 설치했었다.

그런데 일본의 천황은 통치하지 않으니 군부가 올린 군령 사안은 무조건 승인한다. 일본 군부가 비밀리에 올린 작전계획은 무조건 승인 받을 수 있었던 것이다. 일본은 군부가 갖고있는 이러한 권한을 '유악 상주권帷幄上奏權'으로 불렀다. 유악은 '비밀리에 작전계획을 짜는 곳'이란 뜻으로 일본군 작전참모부대본영를 가리킨다. 일본군은 작전계획을 천황에게 상주만 하면 무조건 승인받을 수 있었으니 총리를 무시하고 전쟁을 일으킬 수 있었다.

당시의 일본 법은 전쟁이 결정되면 육·해군 통합전투사령부인 '대본영大本營'을 만들게 했다. 대본영이 만들어지면 일본 법은 총리가 전시 내각을 만들어 무조건 대본영을 지원하게 했다. 이 때문에 일본은 히틀러나 무솔리니 같은 독재자가 없어도, 군이 전쟁을 결심해 정부와 국가를 끌고 나가는 군국軍國주의를 할 수 있었다.

청일전쟁과 러일전쟁은 대본영을 만든 군부가 일본의 영토와 명예를 넓힌 대사건이었다. 군에 대한 일본 국민의 지지가 대단했으니 군의 힘은 강해졌다. 러일전쟁 승리 후 일본은 청淸으로부터 만주에 철도를 부설해 운영할 수 있는 권한을 받았다. 이 철도를 일본의 남만주철도주식회사가 운영했는데, 1931년 9월 18일 지금 요녕성의 성도인 심양瀋陽 근처에 있는 '유조호柳條湖'라는 기차역 부근에서 이 철도가 폭파되는 사건이 일어났다.

이는 요동반도에 주둔하고 있던 관동군 수뇌부가 만주를 차지하기 위해 꾸민 사건이었다. 그러나 관동군은 중국인이 일으킨 것이라고 우기며 만주를 침공해, 1932년 2월 18일 만주 전역을 차지하고 3월 1일 중국으로부터 독립한 만주국을 세웠다. 이 사건은 일본 육군부가 아닌 관동군이 일으킨 것이라, 일본은 대본영을 만들지 않았다. 그래서 전쟁이라고 하지 않고 '사변만주사변'으로 불렀다.

만주사변을 계기로 관동군은 만주 전역을 작전지로 삼게 되었으니 병력도 1만 5천여 명으로 늘어났다. 만주를 차지한 관동군이 새로운 도발을 기획했다. 당시 중국은 의화단 사건을 제압해 준 열강과 1901년 맺은 '신축辛丑조약'에 따라 중국에 영사관을 둔 나라에 대해서는 천진天津과 북경北京을 잇는 철도의 주요 지점에 경비부대 파견을 허용해주고 있었다. 일본도 북경에 공사관을 두고 있었으니 이 철도에 관동군을 파병해 놓고 있었다.

이러한 관동군의 주둔지 옆에 '노구교蘆溝橋, 일명 마르코폴로 다리'가 있었다. 1937년 7월 7일 밤 그곳에서 사격 소리가 들리고 관동군 병사 한 명이 실종되었다가 돌아오는 일이 있었다. 병사가 돌아왔음에도 관동군은 사격 사건을 조사해야 한다고 주장했다. 이에 중국 군부가 반대하자 무력 충돌을 일으켜 노구교를 점령하고, 바로 북경으로 들어가 중일전쟁을 일으켰다.

이러한 관동군을 일본 육군부가 따라갔다. 일본은 관동군의 중국 침략이 본격화한 1937년 11월 20일에야 대본영을 만들었다. 그리고 본격적으로 육·해군을 투입해 1년 만에 상해를 비롯한 중국 핵심부를 점령했다. 장개석이 이끄는 국민당 정부는 수세로 몰렸다. 그러자 일본의 급팽창을 경계한 미국과 영국이 중국을 지원했다.

당시 동남아시아는 영국과 프랑스·네덜란드·미국의 식민지였다. 영국은 인도방글라데시 포함·미얀마·말레이시아를, 프랑스는 베트남·라오스·캄보디아를, 네덜란드는 인도네시아, 미국은 필리핀을 지배하고 있었다. 이러한 서구 열강이 일본에 대한 '자원 제공'을 차단하며 중국을 노골적으로 지원한 것이다. 특히 미국의 지원이 많았다.

일본은 에너지와 자원 빈국이다. 에너지와 자원을 확보하려면 전쟁을 확대해야 한다고 본 대본영이 1941년 12월 7일 일본을 방해하는 미국의 태평양함대를 궤멸하기 위해 하와이 진주만을 기습하고 거의 동시에 동남아로 쳐들어가는 태평양전쟁을 일으켰다. 일본은 동남아 제국은 물론이고 태평양에 있는 여러 섬을 순식간에 점령했다. 그러나 미드웨이 해전 이후 계속 미국에 밀리다 원폭을 맞고 항복을 선언했다.

연합국을 토대로 만든 유엔, 국제연합이라는 용어를 만든 일본

1차 대전[1]에서 승리한 연합국의 일원인 일본이 같은 연합국인 미국의 하와이를 친 것은 1차 대전 체제가 붕괴되었다는 확실한 신호였다. 1차 대전에서 패배했던 독일은 같은 패전국인 오스트리아는 품고 1차 대전 때는 연합국이었던 이탈리아와는 연합해 유럽전쟁을 일으켰다. 세계질서의 변화는 이렇게 전쟁에서 승리한 연합국 간에 갈등이 일어나거나, 패전했던 국가들이 국력을 키워 다시 도전할 때 일어난다.

2차 대전의 주역은 유럽과 태평양 양쪽 전쟁에서 승리한 미국이었다. 연합국의 승리가 뚜렷해진 2차 대전 말기 연합국에 참여하는 나라가 폭증했다. 미국은 이들을 묶어 국제기구를 만들고자 했다. 2차 대전이 종료된 다음인 1945년 12월 24일 유엔이라는 국제기구를 만든 것이다. 미국은 유엔을 '확장된 미국'으로 보고 새로운 세계질서를 구성하고자 했다.

---

1) 1차 대전은 미국과 일본의 지원을 받은 영·프·러(소련의 전신)의 3국 연합이 독일제국·오스트리아-헝가리제국·이탈리아 왕국의 3국 동맹과 싸운 것이다. 2차 대전은 1차 대전 때 연합국에 섰던 일본이 오스트리아를 포함한 독일+이탈리아 쪽으로 넘어가 중국이 추가된 연합국과 싸운 것이다.

그리고 주력한 것이 전쟁을 일으킨 세 나라를 '친미화'하는 것이었다. 세 나라는 미국의 공격으로 많은 희생자가 있었으니 1차 대전 패전 후의 독일처럼 적대감을 숨기고 있다가 폭발할 수 있다. 이러한 적대감은 미국과 같은 체제로 만들어 '잘살게 해주면' 줄어들 수 있다. 미국은 이들에게 미국식 민주주의를 주입하고 상당한 경제 원조를 하면서 '친미화 선언'을 하게 했다.

2차 대전 종전 후 독일은 동·서독으로 분단되어 어려웠지만, 이탈리아와 일본은 온전했으니 '친미화'를 입증하라며 유엔 가입을 권유한 것이다. 이것이 일본에게 큰 고민을 안겨 주었다. 1945년까지 일본은 연합국을 '귀축鬼畜'으로 비난하며 싸워왔는데, 이제 와서 연합국에 참여한다는 것은 논리상 맞지 않기 때문이다.

1955년 12월 14일 이탈리아가 유엔에 가입했다. 쫓기게 된 일본은 '국제연합國際聯合'이란 한자를 만들어내 연합국을 대체하게 했다. 연합국은 2차 대전 때 일본이 싸운 대상이고, 국제연합은 전후 세계 평화를 위해 만들어진 기구라는 논리를 만들어 유엔에 가입한 것이다1956년 8월 8일.

이것을 우리가 받아들여 우리도 유엔을 국제연합으로 번역하게 되었다. 이로 인해 2차 대전 당시의 연합국과 유엔을 별개로 보는 시각이 만들어졌다. 그러나 중국은 지금까지도 유엔을 한자로는 '연합국'으로 적고 있다.

동·서독은 서로가 독립국임을 인정하여 평화롭게 지내자는 기본조

약을 맺은1972년 12월 21일 다음인 1973년 9월 18일, 유엔에 동시 가입하였
다. 이 시기 소련은 미국과 첨예한 냉전 중이었는데, 친미 국가가 된 이탈
리아와 일본·서독의 유엔 가입에 거부권을 행사하지 않았다. 미국도 친
소 국가인 동독의 가입에 거부권을 행사하지 않았다. 이는 미·소가 대립
하지만 유엔이라는 큰 틀에서는 협조해 세계를 끌고 간다는 뜻이다.

신나치즘과 군국주의를 적으로 삼는 러시아와 중국

일본과 독일·이탈리아의 가입으로 2차 대전 연합국인 유엔은 세 나
라를 더 이상 적으로 삼을 수 없게 되었다. 때문에 세 나라를 전쟁으로 이
끌었던 이념인 군국주의와 나치즘·파시즘을 타도할 대상으로 삼았다.

2022년 우크라이나를 침공한 러시아가 '신나치주의자'를 제거하
기 위해 특별군사작전을 했다고 주장하는 것에 유의할 필요가 있다. 이
는 '히틀러의 이념을 받은 세력을 타도하려는 것이니 유엔의 이념에 맞
다. 미국은 방해하지 말라'가 되기 때문이다. 미국과는 싸우지 않겠다
는 간접 선언도 된다.

일본과 각을 세우는 중국이 한중 정상회담을 할 때 '일본의 군국주
의 부활에 반대하는 전선을 만들어야 한다'고 주장하는 것도 미국에 맞
서지 않겠다는 뜻이 된다.

그러나 러시아와 중국 두 나라는 공산주의를 기반으로 일어난 데

다 영토가 넓고 인구도 많은 대국이라는 '위협성'을 갖고 있으니, 미국은 경계한다. 러·중은 영·프처럼 '미국 2중대'를 자처할 수 없으며 스스로 패권국이 되고자 하니 미국은 이들과 경쟁한다. 하지만 두나라의 국력은 미국에 미치지 못한다. 두 나라가 1차 대전 체제를 무너뜨린 독일·일본처럼 했다가 패배하면 더 어려우니, 이들은 유엔 체제 내에서 미국과 경쟁을 한다.

이것이 바로 냉전이다. 냉전은 소련이 미국에 이어 두 번째로 핵 개발 국가가 되면서^{1949년 8월 29일 소련 최초 핵시험} 본격화했다. 상대를 전멸할 수 있는 핵무기를 다량으로 보유해 상대의 영향을 받지 않겠다는 '세력균형^{Balance of Power}' 전략을 펼칠 수 있게 된 것이다.

이러한 핵무기 개발 경쟁은 선제공격을 받아 우리가 전멸해도 전략원잠의 SLBM을 발사해 너희도 전멸시킨다는 '2격^{Second Strike}' 능력을 갖춤으로써, '상호 확증파괴^{mutual assured destruction, MAD}' 능력 구비로 발전했다. 핵공격 능력으로 세력균형을 잡는 '테러의 균형^{Balance of Terror}'을 하게 된 것이다.

테러의 균형으로 인류 공멸의 두려움이 커지자 미·소는 핵무기를 줄이는 협상을 하였다. 그런데 이 협상과 별개로 상대가 ICBM과 SLBM을 잡아내는 요격 미사일^{ABM, Anti-Ballistic mIssile}을 개발하면 전략적으로 손해이므로, 요격 미사일을 개발하지 않으면서 핵무기를 줄이기로 하였다. 이러한 이해관계에서 1972년 5월 26일 닉슨 미국 대통령과 브레즈네프 소련 공산당 총비서는 '탄도탄 요격 미사일 협정^{ABM Treaty}'과 핵무기를 제한하는 '전략무기 제한협정SALT'을 맺었다.

그리고 미·소는 핵무기를 줄이는 협정을 갱신해 왔는데, 마지막으로 체결한 것이 2010년 4월 8일 오바마 미국 대통령과 메드베데프 러시아 대통령이 서명한 'New START'이다. 양국 의회의 비준을 받아 10년의 시효기간을 두고 2011년 2월 5일 발효된 이 협정은 '2018년까지 양국의 실전배치 핵무기를 1,550개로 줄이자' '같은 기한에 ICBM과 SLBM, 전략폭격기 등 투발수단도 700기 이하로 줄이자' 'New START의 이행을 위해 양자협의위원회BCC 구성해 상호 검증하자'를 주 내용으로 했다.

'2018년 2월 5일 러시아는 "핵무기를 1,444기로 줄였다", 미국도 "1,350기를 보유하고 있다"고 발표하였다. 시효가 10년이었으니 이 협정은 2022년 2월 4일까지 유효한데, 양국은 이를 연장하거나 대체하는 협정을 만들지 않았다. 그리고 그해 2월 24일 푸틴 러시아 대통령은 '우크라이나를 비무장화하고 탈나치화하기 위한 특별 군사 작전의 실행에 대하여'란 성명을 발표하며 우크라이나를 침공하였다.

우크라이나 침공 1주년 직전인 2023년 2월 21일 푸틴은 New START 중단 선언으로 미국을 위협했다. 그런데 미국은 이를 예견이라도 한 듯, 이 선언 직전에 발간한 「Strategic Nuclear Forces」에서 미국이 보유한 핵탄두는 1,420기, 투발수단은 659기라며 New START를 지키고 있음을 천명했다.

푸틴의 중단 선언에도 불구하고 미·러는 New START를 지키고 있다. 양쪽은 강력한 정찰 수단을 갖고 있어 어느 한쪽이 핵탄두나 투발 수단을 늘이면 바로 알아차릴 수 있다. 실효기간이 지난 New START를 미국은 물론이고 러시아도 지키고 있는 것은 유엔 체제를 유지하겠다는 뜻이 된다.

유엔 체제 안에서 소련을 붕괴시킨 미국

유엔 체제의 심각한 위기로는 1962년 10월 중순에 일어난 쿠바 미사일 위기를 꼽을 수 있다. 당시 미·소는 3차 세계대전을 거론하며 대립하였으나, 결국 대화로 갈등을 풀어나가 유엔 체제를 수호했다. 3차 세계대전이 발발할 경우 그 피해가 너무 크므로 소련도 유지하는 방향으로 선회했기 때문이다.

이러한 미·소가 1987년 12월 8일 중거리 핵 미사일_{사거리 500~5,500km}을 없애는 INF 조약_{Intermediate Range Nuclear Forces Treaty}을 맺었다. 이때부터 미·소는 2,692기였던 양국의 중거리 핵 미사일 전량을 폐기하고 장거리 핵 미사일인 ICBM과 SLBM, 항공기에서 투하는 핵폭탄만 보유하게 되었다. 소련은 아프간 침공 등으로 경제가 매우 어려워져 미국과 핵 군비경쟁을 할 수 없었기에 이 조약을 받아들였다. 또 한 번 유엔 체제의 유지를 선택한 것이다.

이렇게 미국과 경쟁하던 소련이 1991년 12월 말 붕괴하여 유럽 냉전이 끝나자, 미국은 2004년까지 러시아를 제외한 구 바르샤바조약기구 회원국 전부와 소련에서 독립한 '발트 3국'인 에스토니아·라트비아·리투아니아를 NATO에 가입시켰다. 러시아가 힘을 갖지 못한 틈을 이용해 미국의 영향권을 확대한 것이다.

2002년 6월 13일엔 조지 W. 부시 대통령이 미사일 방어체계MD 개발을 위해 ABM 조약 탈퇴를 선언했다. 미국은 MD 체계 구축에 큰 힘을 쏟기로 했다. 트럼프 1기 정부 때인 2019년 8월 2일엔 INF 조약을 파기했다. 이는 중국·북한이 주변국을 위협하기 위해 개발하는 중거리 핵 미사일과 세력균형은 잡는 데도 관심을 기울이겠다는 뜻이었다.

2026년 현재 미·러가 중거리 핵 미사일을 실전배치한 사실은 없는데, 이는 중국과 북한은 자극하지 않으려는 조치로 보인다. 그러나 중거리 핵 미사일을 만들어 배치할 능력은 고도로 배양한 것으로 보인다. 미국은 유엔 체제를 유지하면서 소련과 핵무기 경쟁을 벌여 소련을 무너뜨렸듯이, 중국과 북한도 강한 압박을 하며 군비경쟁을 벌여 붕괴시키려고 한다.

앞으로의 관건은 MD이다. 트럼프가 이끄는 미국은 우주에서 MD를 하겠다며 '골든돔' 사업을 시작했다. 그로 인해 미국이 자국은 물론이고 동맹국까지 핵전쟁 위협에서 구할 수 있게 된다면, 핵 군비경쟁으로 시작된 냉전은 더 이상 불가능해진다. 중국과 북한도 힘을 갖기 어려우니 3차 대전이 일어날 가능성은 희박해진다.

이러한 상황을 이해한다면 신나치 척결을 명분으로 우크라이나를 침공한 푸틴의 결정은 도박이 된다. 이 도박이 실패하면 푸틴과 러시아는 나락으로 떨어질 수 있는 것이다. 트럼프 1기와 바이든-트럼프 2기 정부를 거치면서 미국은 중국에 상당한 경제 압박을 가했다. 이에 중국은 강력한 도발로 대응하지 못하고 '군국주의 부활을 막아야 한다'는 주장만 하고 있다. 중국도 미국에는 약세인 것이다. 이러하니 핵전쟁인 3차 세계대전이 일어날 가능성은 제로에 가까워진다.

미국이 유엔을 탈퇴한다면…

러시아와 중국은 거부권을 보장해 준 유엔을 전략적으로 활용하여 미국에 대립함으로써 강대국의 지위를 다져 왔다. 경제가 무너져 미국에 마약 등을 수출하며 살아야 하는 나라 등에 접근하여 반미 세력을 확장하려고 했다. 유엔은 빈국에 대한 지원을 장려하니 이를 이용해 미국 붕괴를 시도한 것이다. 트럼프 대통령은 이러한 시도에 강하게 대응하고 있다.

미국은 2026년 1월 7일 유엔 산하 31개 기구와 비유엔 산하 35개 기구에서 탈퇴한다는 대통령 각서에 서명한 것이다. 그가 탈퇴를 밝힌 유엔 기구 중에는 기후협약^{파리협약}을 주도해 온 유엔환경계획도 있다. 이 협약 때문에 탈석탄 동맹과 재생에너지 확대를 지향하는 RE100 등이 화석 에너지 사용을 금지하고 반원전 운동을 일으켰다.

트럼프는 유엔과 국제기구들이 명분주의에 빠져 경제와 국력을 소

  03 | 핵무력을 잡는 핵능력

진시키는 DEI^{다양성·형평성·포용성}나 PC^{정치적 올바름}를 유도한다고 인식하였기에 탈퇴를 선언한 것으로 보인다. 트럼프는 유엔 탈퇴를 할 가능성도 있다. 유엔에 의존해 미국 주도의 2차 대전 체제를 붕괴하려는 러·중의 활동 무대를 없애 버리는 것이다.

1991년 유럽 냉전 정식 이후 슈퍼파워가 된 미국은 유엔 탈퇴를 무기로 유엔을 흔들고 새 판을 만들어 3차 세계대전을 피하는 국제 질서를 만들어갈 가능성이 높다.

미국이 지구온난화를 이유로 화석에너지 사용을 금지한 협약을 버리고 원전을 다시 짓겠다고 한 것은 의미심장하다. AI를 토대로 세계패권을 강화하려면 질좋고 풍부한 전기가 있어야 하기 때문이다.

미국의 러·중 봉쇄에
참여할 수 있는 대한민국

핵무기 세례를 받은 나라가 전멸했다면 그 나라에서는 가져올 것
이 없다. 사람이 있어야 자원이라도 채취해 올 텐데 사람이 소멸했으니
그렇게 할 수가 없다. 원폭을 맞아 '방사선 천지'가 되었으니 죽겠다고
각오하지 않는 한 들어갈 이유도 없다. 핵무기를 사용하여 얻은 승리는
별로 소득이 없다는 것이다.

핵무기 보유국 가운데 어느 한 나라가 핵무기를 사용하면 그는 다
른 핵보유국으로부터 핵 공격을 받을 수 있다. 핵 공격을 선제적으로
하더라도, 핵무기를 사용한 탓에 다른 핵보유국으로부터 핵 공격을
받아 지구의 모든 문명이 사라진다면, 승리는 아무런 의미를 가질 수
없다. 차라리 핵무기를 사용하지 않고 살아가는 게 낫다. 이러한 이해
를 통해서도 '핵무기를 이용한 3차 세계대전은 없다'는 판단을 해볼
수 있다.

핵무기를 사용할 것처럼 위협하고 재래식 무기로 싸우는 작은 전쟁
은 일어 날 수 있다. 그렇게 되면 강대국이 전쟁에 개입한다. 작은 나라
는 이러한 개입을 이용하거나 차단해 강국이 되는 길을 모색해야 한다.

일본과 한국 봉쇄하면 태평양으로 나가지 못하는 러시아 태평양함대

작은 국가가 존재하기 위해서는 '이기는 쪽에 서는 것'이 중요하다. 이는 '미국을 이길 수 있는 나라가 있을까?'란 질문으로 연결된다. 미국은 핵무기로만 패권을 행사하지 않는다. 강력한 재래식 무기를 가지고 있으며 이를 행사해왔기에 패권국이 되었다. 미국의 힘을 이해하려면 러시아와 중국이 가지고 있는 지정학적 조건부터 살펴보아야 한다. 지정학적 조건이 종종 그 나라의 운명을 결정짓는다.

먼저 러시아다. 러시아가 핵무기가 아닌 다른 무기로 미국을 제압하려면, 미국으로 접근해야 한다. 미국과 러시아 사이에는 태평양과 대서양이라는 대양이 있으니 이 바다를 건너야 한다.

군대도 근처에 도시가 있어야 주둔할 수 있다. 적막강산에 주둔할 수도 있지만, 이는 작은 부대다. 함정을 운용하는 해군은 자재와 연료 등 필요한 물품이 많은 항구 도시 가까이에 있어야 한다.

러시아 군사력이 태평양으로 나가는 문제를 살펴보자. 기후는 군사력의 운용에도 상당한 영향을 끼친다. 러시아 동부의 많은 곳이 태평양에 접해 있지만, 대부분의 해안이 도시가 없는 무인지대에 가깝다. 겨울에는 바다가 얼어붙는다. 겨울철에도 항구를 운용할 수 있는 곳은 블라디보스토크 일대뿐이다.

블라디보스토크 시내에 러시아의 태평양함대 사령부가 있지만 이는 허울이다. 진짜는 블라디보스토크와 그 동쪽에 있는 나홋카 사이에 있는 '비밀도시closed city'인 포키노Fokino에 있다. 이곳에 사는 이들은 자유로운 이주를 제한받았기에 포키노는 비밀도시로 불린다. 이 포키노에 '더 비밀스러운' 두나이Dunai항이 있는데 러시아 태평양함대의 기지는 이곳에 있다.

러시아의 태평양함대는 블라디보스토크와 나홋카 사이에 있는 비밀도시 '포키노'의 두나이 항을 모항으로 한다.
[구글지도]

두나이 항에서 나온 러시아의 함대와 잠수함이 태평양으로 나가려면 일본의 홋카이도와 러시아의 사할린섬 사이에 있는 일본의 소야 해협宗谷海峽, 러시아는 '라페루즈 해협'으로 부른다, 일본의 본토와 홋카이도 사이에 있는 쓰가루 해협津輕海峽, 한반도와 일본 사이에 있어 우리는 대한해협, 일본은 쓰시마 해협對馬海峽이라고 부르는 좁은 바다를 통과해야 한다.

포키노에서 나온 러시아의 태평양 극동함대는 '타타르'나
'소야', '쓰가루' 해협을 통해야 태평양으로 나갈 수 있다. [구글지도]

물론 사할린섬 북쪽과 시베리아가 만드는 '타타르 해협'으로도 나
갈 수 있지만, 이곳은 좋은 수로가 아니다. 겨울철에는 완전히 얼어붙
기에 이용할 수도 없다. 때문에 미 해군은 유사시 동맹국 해군과 함께
이 해협을 봉쇄하는 작전을 펼친다. 이러한 해협에 미국과 동맹국인
한·일이 잠수함을 매복해 놓는다면 러시아 함대와 잠수함은 태평양으
로 나오지 못한다.

한국과 일본이 대한해협까지 막으면 러시아의 태평양함대는 동해에 갇혀 있게 된다.
대한해협의 가운데엔 일본의 쓰시마 섬이 있어 이 해협을 지나는 함정이나 잠수함은 쉽게 탐지된다.
[구글지도]

이 작전을 기동함대 임무를 하는 일본 해상자위대의 호위함대 예하의 네 개 호위대군이 할 수가 있다. 호위대군은 헬기구축함 등 8척의 구축함으로 편성_{호위함대는 32척}되어 있으니 대단한 전력이다. 일본은 헬기호위함을 F-35B도 탑재하는 소형항모로 개조하고자 하는데, 이렇게 되면 더 강한 항공력을 갖는다. 22척의 중형 잠수함을 보유하고 있는 일본 해자대의 잠수함대가 잠수함 세력을 붙여주면 이들의 전력은 배가한다.

여기에 6척의 구축함에 대형상륙함을 더해 7척을 거느릴 수 있는 기동전단 세 개를 가진 한국 해군의 기동함대가 해군항공사령부로부터 헬기전력을, 잠수함사령부로부터 22척의 잠수함을 지원받아 가세한다면,

　　　　　　　　　　　　03 | 핵무력을 잡는 핵능력

미 7함대가 참전하지 않아도 이 방어망은 철그물이 된다. 러시아의 태평
양함대는 한·일 함대에 막혀 동해에서만 작전해야 하는 처지가 된다.

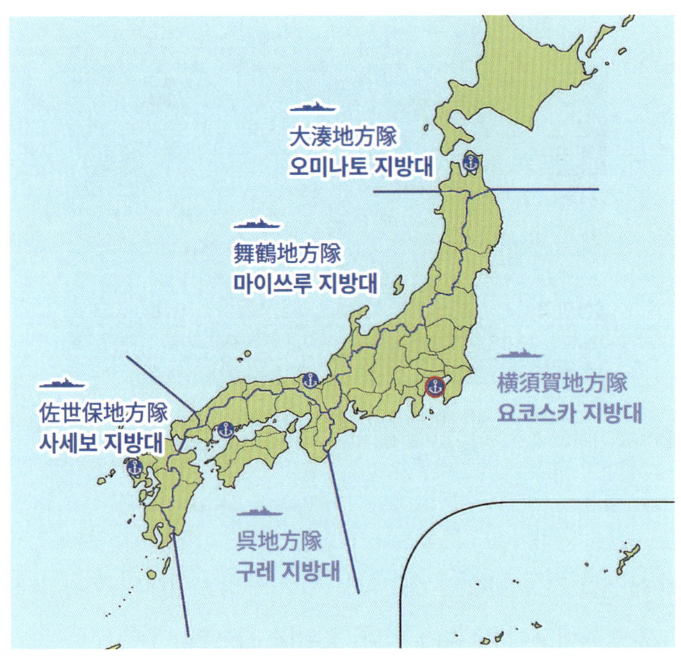

일본 해상자위대는 동해 쪽에 오미나토, 마이쓰루, 사세보 지방대라는 세 개의 해역함대를 두고 있다.
한국 해군에서는 강원도 동해시를 모항으로 한 1함대가 동해 작전을 담당한다.

그런데 동해에는 또 다른 한·일 해군이 있다. 한국 해군에서는 1함
대가 동해를 담당한다. 한국의 해역함대와 같은 것을 일본 해상자위대
에서는 '지방대地方隊'라고 한다. 일본 해상자위대에는 5개 지방대가 있
는데, 이중 오미나토大湊와 마이쓰루舞鶴·사세보佐世保의 세 개 지방대가
동해를 담당한다. 이 네 개의 함대와 싸우는 것은 러시아 태평양함대에
게도 벅찬 일이 된다.

지중해 진출도 꿈꾸기 어려운 러시아의 흑해함대

태평양을 통한 미국으로의 접근이 미국의 동맹국인 한·일 해군 때문에 막힌다면, 러시아는 유럽으로 눈을 돌려야 한다. 러시아 해군이 대서양으로 나오기 좋은 길은 흑해와 발트해 루트이다. 먼저 흑해루트를 살펴보자.

러시아의 흑해함대가 지중해로 오려면 튀르키예의 최대 도시인 이스탄불을 가로지르는 보스포루스 해협을 통과해야 한다. 이 해협은 세 개의 다리가 걸려 있을 정도로 좁으니 이 해협에 들어온 흑해함대는 무조건 탐지된다. 이곳을 통과하면 역시 튀르키예의 영역인 다르다넬스 해협에서 또 걸려든다.
[구글지도]

크림반도의 세바스토폴 기지에서 나온 러시아 흑해함대와 잠수함이 지중해로 나오려면 NATO 회원국인 튀르키예가 통제하는 보스포루스 해협을 지나야 한다. 이 해협은 길이 1.5km의 다리가 걸려 있을 정도로 좁은 곳이다. 이곳은 잠수함도 부상^{浮上}해 통과해야 한다. 다리에서 러시아 흑해함대를 관찰할 수 있기 때문에 흑해함대가 NATO의 눈을 피해 지중해로 나가는 것은 불가능하다. 이곳을 통과해도 다시 튀르키예의 영역인 다르다넬스 해협을 지나야 하니 또 피탐된다.

지중해의 서쪽 끝에는 스페인이 있은 이베리아반도와 아프리카 대륙이 만든 폭 15㎞의 지브롤터 해협이 있다. 지브롤터는 영국의 영토이니 영국은 이 해협을 상시 감시한다. 미국과 NATO는 보스포루스와 지브롤터 해협을 장악하고 있으니 러시아의 흑해함대는 대서양에 들어올 수가 없다.
[구글지도]

지중해로 나왔다면 유럽과 아프리카 대륙이 만든 지브롤터 해협을 지나야 대서양으로 나갈 수 있는데, 이 해협의 가장 좁은 곳은 15㎞이다. 이곳은 영국과 프랑스 함대가 지키고 있으니 흑해함대의 통과는 또 어려워진다. 흑해함대가 지중해에서 작전한다면 이탈리아와 프랑스 함대는 물론이고 이탈리아의 나폴리를 기지로 한 미 6함대와도 싸워야 한다.

이러하니 흑해함대가 지중해에서 작전할 수가 없다. 흑해에서도 흑해함대의 작전은 여의치가 않다. 흑해에 면해 있는 튀르키예와 불가리아·루마니아도 NATO 회원국이기 때문이다. 이들은 해군력이 약해도, 미국은 이 회원국에서 러시아를 공략하는 작전을 할 수 있다. 갇힌 해군인 흑해함대는 흑해에서도 마음 놓고 작전하지 못한다.

발트해에 갇혀 있어야 하는 러시아의 발트함대

그렇다면 러시아는 발트해를 통한 대서양으로의 진출을 고려해야 한다. 발트해에는 러시아 해외 영토인 칼리닌그라드주州가 있는데 이곳에 러시아의 발트함대 기지가 있기 때문이다. 그런데 러시아에서 이곳칼리닌그라드을 잇는 길은 '수발키 회랑Subalki gap' 하나뿐이라는 것이 문제다.

이 회랑은 러시아 본토가 아니라 러시아의 동맹인 벨라루스에서 시작되어 칼리닌그라드를 잇는 100여 km의 좁은 도로다. 이 회랑 남쪽에는 NATO 회원국인 폴란드가 있고 북쪽에는 역시 NATO 회원국인 리투아니아가 있다. 이 회랑의 폭은 매우 좁기에 두 나라는 이곳을 통과하는 세력을 충분히 감시할 수 있다. 유사시에는 군사력을 투입해 차단할 수도 있다.

이렇게 치명적인 약점을 안고 있는 곳이 칼리닌그라드다. 이곳에서 나온 발트함대가 대서양으로 나가려면 덴마크 본토와 덴마크가 영유한 섬 그리고 스웨덴이 만든 세계에서 가장 붐빈다는 외레순 해협-스토레벨트 해협-릴레벨트 해협 가운데 하나를 지나야 한다. 세 해협

에는 모두 다리가 건설되어 있다. 이러하니 발트함대는 물론이고 잠수
함까지도 낱낱이 노출된다.

러시아의 해외 영토인 칼리닌그라드와 벨라루스를 이어주는 100여㎞의 좁은 통로인 '수발키 회랑'.
이 회랑 남쪽에 폴란드의 수발키란 곳이 있어서 이 이름을 가졌다.
이 통로 북쪽엔 NATO 회원국인 리투아니아가 있다..

덴마크와 스웨덴 사이에 있는 외레순-스토레벨트-릴레벨트의 해협에도
다리가 건설돼 있어 통과를 시도하는 러시아의 발트함대는 무조건 노출된다.
[구글지도]

칼리닌그라드를 모항으로 한 러시아의 발트함대는 발트해에서만 작전해야 하는데,
이곳엔 독일을 필두로 폴란드 핀란드 스웨덴 등의 해군이 있다.
[구글지도]

이 세 해협 중에 하나를 지나면 바로 카테가트 해협과 스카게라크 해협을 지나야 하는데, 이곳의 폭도 좁으니 발트 함대의 전력은 노출되어 유사시라면 지상 화력으로부터 공격을 당할 수도 있다.

발트 함대는 발트해에서도 자유롭지 못하다. 이 바다는 NATO 회원국인 덴마크·독일·폴란드·리투아니아·라트비아·에스토니아·핀란드·스웨덴이 둘러싸고 있다. 그중에서도 잠수함 세력이 막강한 독일 해군은 발트 함대에 큰 위협이 된다.

그러므로 대서양으로 나갈 수 있는 유일한 러시아의 해군은 노르웨이와 접경한 북극해에 접해 있는 무르만스크 지역을 모항으로 한 북

     03 | 핵무력을 잡는 핵능력

방 함대뿐이게 된다. 멕시코 난류의 영향으로 이곳의 바다는 얼어붙는 기간이 짧아 러시아는 이 함대를 운용하지만, 미국과 영국 해군의 잠수함이 적극 대응하고 있어 제약이 많다.

트럼프 미국 대통령이 그린란드를 미국이 매입할 수 있어야 한다고 주장한 것도 주목할 부분이다. 미국이 그린란드에 기지를 둔다면 러시아의 북방함대도 꼼짝하지 못할 것이기 때문이다.

이렇게 큰 바다로 나가는 길이 막혀 있으니 러시아는 답답한 내륙국이 된다. 육군력으로 아프가니스탄이나 우크라이나를 침공하는 '지역 패권국' 정도에 머물 수밖에 없는 것이다. 러시아는 미국과 겨루는 패권국이 될 수 없다.

러시아는 핵무기로 미국과 주변국을 위협해야 힘을 쓸 수 있는데 핵무기는 사용하기 어렵고, 미국이 골든돔과 MD를 구축하고 있어 그 가치도 하락하고 있다. 경제력마저 떨어지고 있는 러시아가 미국을 위협해 유엔 체제를 붕괴시킨다는 것은 어불성설이다.

하나의 중국과 대립하는 '대만관계법'

중국 해군의 위협도 살펴보자. 중국 해군은 산동반도산동성의 청도青島에 대한민국을 겨냥한 북해함대, 양자강의 하류인 절강성의 영파寧波에 일본을 대적하는 동해함대, 해남도 북쪽의 광동성 담강湛江에 대만과 동남아 국가를 상대하는 남해함대를 두고 있다.

미·중 대립이 자심한 최근2026년까지 중국 해군은 남해함대의 전력을 강화해 왔다. 세 척인 항공모함 가운데 두 척을 남해함대에 배치하였다. 한 척은 수도인 북경을 지키면서 주한미군과 대한민국을 견제하기 위해서인지 북해함대에 배치했다.

중국은 대만을 흡수해야 지역 패권국이 될 수 있다. 때문에 1979년 미국과 복교하며 받아낸 '하나의 중국'를 금과옥조로 삼고 있다. 하나의 중국을 만들기 위해 무력으로 대만을 접수하는 것을 용인하라는 압력을 주변국에 가하고 있는 것이다. 중국이 대만을 합병하면 주변국은 큰 위협을 느끼니 주변국들은 '하나의 중국'이 실현되는 것에 반대한다.

1979년 미국은 대만과 맺었던 상호방위조약도 폐기했다. 그로 인해 대만의 안보가 위협받게 되자 '대만관계법Taiwan Relations Act'이라는 국내법을 만들어 대만을 보호하기로 했다. 이 법 때문에 중국이 무력을 동원해 대만을 침공하면 미국은 7함대 등을 동원해 대만군과 함께 방어에 나선다.

이렇게 되면 일본은 '미일안보조약'과 일본이 만든 '주변사태법'에 따라 미군을 무조건 지원한다. 일본 해상자위대는 잠수함 세력과 결합한 호위함대 등을 보내 미 7함대와 같이 작전하게 되는 것이다.

이러한 대결을 피하면서 중국이 대만을 흡수하는 길은 대만에서 친

중국주의자들이 집권해 '중국과 하나 된다'는 결정을 해주는 것이다. 이러한 공작은 중국 해군이 적절히 대만을 위협해 줘야 가능해진다. 중국의 위협이 커져야 '전쟁을 피해야 한다'며 친중국주의자를 용인하는 세력이 대만에서 늘어나기 때문이다.

중국은 대만을 위협하기 위해 남해함대를 동원한다. 일본과는 대만과 가까운 센카쿠尖閣 열도를 놓고 영유권 다툼을 하고 있으니 동해함대도 동원한다. 이 전력으로도 미국과 대만 그리고 일본 함대를 밀어내지 못하면 청도에 있는 북해함대를 동원한다.

유사시 북해함대의 기동은 한국에도 위기가 되니, 대한민국 해군은 서해를 지키는 2함대와 기동함대를 보내 대응할 수밖에 없다. 이러한 한국 해군이 제주도와 중국 사이의 바다에 잠수함을 매복해 놓는다면, 북해함대의 대만 쪽 기동은 어려워진다.

한국·일본·대만·필리핀과 협력하는 미국

중국 해군의 또 다른 꿈은 한국-일본-대만 해군과 이들을 지원하는 미 7함대를 뚫고 태평양으로 진출해 보는 것이다. 그런데 중국의 동부엔 일본열도가 오키나와를 거쳐 대만까지 촘촘히 이어져 있다. 이러한 섬들이 해협을 만드는데, 이 중 가장 통과하기 좋고 가장 넓은 곳폭 270㎞이 오키나와 본섬과 그 남쪽의 미야코宮古섬이 만드는 미야코 해협이다.

'나하'란 도시가 있는 곳이 오키나와 본섬이고 '미야코지마시'라고 돼 있는 곳이 미야코 섬이다.
중국 해군이 태평양으로 나갈 수 있는 통로로 꼽히는 미야코 해협에
일본 해상자위대는 수중 마이크를 심어 중국 잠수함이 통과하는지 감시하고 있다.

일본 해상자위대는 미야코 해협을 중국 잠수함이 마음대로 지나가지 못하도록 집중적으로 감시하고 있다. 해협의 주요 수로에 수중 마이크를 심어 수상한 잠수함이 지나가는지 살펴보고 있다.

일본과 대만 해군이 만든 감시망이 불편하다면 중국 해군은 남중국해로 내려가 필리핀의 남쪽을 돌아 태평양으로 나갈 수도 있지만 그 길목은 미 7함대가 원천적으로 차단하고 있다.

필리핀은 스카버러Scar-borough 영유권 문제를 놓고 중국과 갈등해 왔다. 1951년 미국과 맺은 상호방위조약을 유지하고 있고 약간의 미군도 주둔시키고 있으니, 미 해군의 중국 함대 봉쇄 작전에 동참할 수 있다.

미국이 한국·일본·대만·필리핀을 적절히 동원한다면 중국 해군도 서해와 동중국해·남중국해에 갇힌 해군이 된다. 중국은 ICBM이나

 03 | 핵무력을 잡는 핵능력

SLBM이 아닌 무기로 미국을 공격하는 것은 꿈도 꾸기 어려워지는 것이다.

때문에 중국도 독립을 바라는 위구르와 티베트를 탄압하는 내부 제국주의 국가나, 가난한 주변국에 경제력을 앞세워 영향력을 행사하는 지역 패권국에 머물러 있게 되었다.

반면 미국은 동쪽으로는 대서양, 서쪽으로는 태평양으로 막힘없이 진출할 수 있는 지정학을 갖추고 있다. 태평양 전쟁과 걸프전쟁에서 승리한 덕분에 해외인 바레인의 마나마에 5함대, 일본의 요코스카에 7함대를 두고, 미국 샌디에고의 3함대와 함께 태평양과 인도양 전체를 아우르고 있다. 이탈리아의 나폴리에는 6함대, 미국의 노퍽에는 2함대를 배치해 대서양과 지중해를 관리한다.

미국은 전쟁을 통해 해외에 육군과 해병대, 공군을 주둔시켜 왔다. 6·25전쟁을 치른 한국에는 8군과 7공군, 태평양전쟁을 겪은 일본에는 5공군과 3해병원정군, 유럽전쟁을 치른 독일에는 3공군과 17공군 등을 둔 것이다. 이러한 주둔군이 미 해군 세력과 합세해 유사시 미국의 국익을 지키며 국제질서를 잡는 원정군이 된다.

이것이 국방의 위기를 맞은 나라에게 기회가 된다. 가장 적은 비용으로 가장 효율적인 국방을 하는 방법이 가장 강한 나라와 동맹을 맺는 것이기 때문이다. 가장 강한 나라는 동맹을 신사적으로 유지해야 신뢰를 받는데, 미국은 그러한 나라에 가깝다. 러시아와 중국을 둘러싸고 있는 유럽과 동북아의 나라들은 대서양과 태평양이라는 큰 바다를 두고 미국과 떨어져 있으니, 동맹 때문에 미국에 병합된다는 생각은 거의 하지 않을 수 있다.

'멀리 떨어져 있는 가장 강한 나라'가 동맹을 맺을 상대로 가장 좋은데, 유럽의 NATO 회원국과 한국·일본·대만·필리핀에게는 미국이 그러한 나라가 된다. 이러한 미국을 이용해 대한민국은 통일할 기회를 잡고 강국으로 발전할 수 있어야 한다. 이를 위해서는 가장 저렴하고 유사시 국방에도 기여하는 원자력 에너지를 많이 확보해야 한다.

현대의 군은 AI를 이용해 작전한다

AI와 군, 원자력은 같이간다. 이스라엘군은 가자지구의 하마스 세력을 섬멸할 때 '라벤다'라는 AI 프로그램을 활용했다. 때문에 많은 전기를 필요로 한다. 첨단 장비일수록 전기를 많이 먹기 때문이다. SMR과 MMR이 양산되면 군은 이것을 트레일러에 실어 끌고 다니며 작전을 마친 후엔 많은 장비를 충전하게 해야 한다. 원자력이 있어야 강군이 만들어진다.

우리는 지정학과 원자력을 이용한 국방을 해야 한다. 러·중을 봉쇄하고자 하는 미국과 궤를 같이 하는 한미동맹과 원자력 에너지의 강화는 한국 방어와 통일, 대한민국 번영을 약속하는 가장 확실한 길이다.

2격과 KAMD,
핵능력을 확보한 원자력 강국을 향하여

초강력 폭탄을 사용하는 것은 정밀 폭격이 되지 않기 때문이다. 초강력 폭탄의 대표가 '원폭'인데, 원폭을 맞은 곳은 초토화됐기에 이겨도 가져올 것이 없다. 방사능 세기가 매우 높아 승리를 했더라도 아군은 바로 들어갈 수도 없다.

일반 폭탄으로 초토화했다면 새로 산업을 시작할 수 있지만, 원폭을 썼다면 충분한 반감기가 지날 때까지는 아무것도 할 수가 없다. 그래서 나온 것이 '핀포인트로 찍어주듯이', '수술로 환부를 도려내듯이' 하는 pin point attack과 surgical strike라는 초정밀 공격이다. 이 개념은 기술의 발전 덕분에 가능했다.

비행기 정도의 속도로 날아가는 순항미사일이 '몇 층, 몇 호'의 유리창을 깨고 들어가 그곳만 파괴할 수 있게 됐다. 미국이 이란의 포르도에 투하한 GBU-57 벙커버스터 폭탄도 정확한 곳에 떨어져 지하 핵시설이 있는 곳까지 뚫고 들어가 폭발했다.

북한이 핵 개발에 전력을 기울인 것은 초정밀 공격 기술이 없었기 때문이다. 그래도 '빗맞혀도 사망을 시키겠다'는 강한 의지가 있었기에 수폭까지 개발하였다. 우리는 핵무기를 개발할 수가 없다. 하지만 대단한 산업력 덕분에 초정밀 사격은 할 수 있게 됐다.

속도가 빠른 지대지 탄도미사일은 오차가 큰 편이다. 그런데 발전한 기술력 덕분에 현무-4 탄도미사일의 공산오차를 4m까지 줄였다. 이는 현무-4 열 발을 발사하면 다섯 발을 반경 4m의 원 안에 들어가게 할 수 있다는 뜻이다.

탄도미사일은 수직에 가깝게 떨어지기에 표적 건물의 지붕을 때리지만, 순항미사일은 항공기처럼 옆으로 날아가니 '몇 층, 몇 호'의 유리창을 뚫고 들어가는 능력을 보일 수 있다. 순항미사일은 탄도미사일보다 속도가 느리지만 그만큼 공산오차가 적다.

현무-3 순항미사일의 공산오차는 2m이다. 현무-3 열 발을 발사하면 다섯 발이 '몇 층, 몇 호' 유리창의 반경 2m의 원 안에 들어가는 것이다. 순항미사일과 같은 원리로 비행하는 무인기는 원격제어를 할 수 있어, 이 유리창이 열린 곳이나 환풍구로 들어가 폭발할 수도 있다.

현무-5로 핵보유국과 세력균형을 잡는다

이러한 초정밀 공격을 위력이 큰 대형 탄두와 결합시킨다면, 이는 공산오차가 큰 핵무기로 표적을 제거하는 것과 같은 효과를 거둘 수 있

다. 이러한 체계를 위한 결정적인 시도가 현무-4 탄도미사일의 개발이
었다. 탄도미사일의 탄두중량은 보통 500kg에서 1t 내외이다.

탄도미사일은 멀리 있는 적을 공격하는 무기인지라 탄두중량을 이
정도로 제한해 놓고 사거리를 늘이는 쪽으로 발전시켜 왔다. 탄두중량
을 늘이면 탄도미사일의 사거리는 짧아지기 때문이다.

우리를 위협하는 북한의 전략시설은 단거리 미사일로 공격할 수
있는 거리에 있다. 때문에 중거리를 날아갈 탄도미사일에 대형 탄두를
올려 단거리 미사일로 만든 것이 현무-4이다. 현무-4는 2t의 탄두를 달
고 800㎞, 4t의 탄두를 달고 500㎞를 비행할 수 있도록 제작되었다.

TNT 1,000t을 터뜨렸을 때 나오는 폭발력을 1 킬로톤이라고 한다.
원폭이 킬로톤급 위력을 낸다. 히로시마에 떨어진 리틀보이^{우라늄탄} 원폭
이 15 킬로톤, 나가사키에 투하된 팻맨^{플루토늄탄}이 20 킬로톤의 위력을 보
여주었다. 수폭은 이보다 1,000 여 배 센 메가톤급 위력을 발휘한다.

현무-4의 낙하 속도는 마하 10 정도이다. 이렇게 빠른 속도로 떨어
지기에 4t의 탄두는 1 킬로톤의 위력을 발휘한다. 운동에너지가 가미
된 위력으로 이 탄두가 벙커버스터처럼 땅을 뚫고 들어가게 하면, 100
여m 들어갈 수 있다는 평가도 나왔다.

인민군의 전쟁 지휘소인 철봉각鐵蜂閣이 이 정도 깊이의 산속에 있다.
북한은 산에 뚫은 터널에 항공기를 숨겨놓았는데, 탄도미사일 발사대도

이곳에 숨겨 놨다가 꺼내 발사하곤 한다. 고속으로 낙하한 현무-4의 탄두가 산을 뚫고 들어가 철봉각과 이 터널을 거의 붕괴시킬 수 있다.

이러한 기대를 더 확실히 충족하기 위해 우리는 8t의 탄두를 달고 500㎞를 날아가는 현무-5를 개발했다. ICBM이 되야 하는 미사일을 단거리 미사일로 사용하기로 한 것이다. 현무-5의 전체 무게는 36t이다. 4t의 탄두를 단 현무-4의 전체 무게가 10t 정도인데, 탄두중량을 두 배로 늘인 현무-5의 무게는 이보다 3.6배 무거워졌다.

무거워진 만큼 낙하 속도는 마하 15에 달할 정도로 빨라졌다. 운동에너지가 증가했을 뿐만 아니라 정밀도까지 높아진 현무-5의 탄두는 8~9 킬로톤의 위력을 발휘하게 되었다. 일본에 투하된 원폭의 절반 정도의 힘을 갖게 된 것이다.

일본에 투하된 원폭은 미사일 탄두로 발사된 게 아니라 폭격기에서 낙하산을 단 폭탄으로 투하되었다. 원폭을 낙하산에 달아 투하한 이유는 이를 투하한 미군 폭격기가 폭발 현장을 벗어날 시간을 주기 위해서였다.

이렇게 내려온 원폭이 지상 580m쯤에서 폭발했다. 폭약은 허공에서 터뜨려야 위력이 극대화되기 때문이다. 지상에 떨어져 폭발하면 땅으로 상당한 폭발력이 가기 때문에 적을 타격하는 효과는 크게 줄어든다. 상당수의 지대지 탄도미사일도 지상 100여 m 상공에서 폭발하도록 제작한다.

현무-5는 이런 용도로 만든 미사일이 아니다. 운동에너지와 폭발 위력의 전부를 '땅이 받도록' 한 무기다. 마하 15로 떨어진 현무-5의 8t 탄두는 운동에너지와 작은 폭발로 땅을 찢고 깊숙이 들어간다. 표적이 철근 콘크리트로 되어 있다면 땅만큼 깊이 들어가지 못하지만, 7~8m 는 찢고 들어갈 수 있다.

그리고 신관이 작동해 8t의 탄두가 폭발하는데, 이 힘으로 구조물 을 무너뜨린다. 강력한 지진을 일으켜 철봉각과 터널을 붕괴시키는 것 이다. 현무-5의 8t 탄두는 미국의 B-2 폭격기가 떨어뜨려 이란의 포르 도의 핵시설을 파괴한 GBU-57 벙커버스터에 맞먹을 것으로 보인다.

2021년 5월 22일 한미 미사일지침이 해제되었기에 우리는 핵탄두 만 올리지 않으면 ICBM을 개발할 수 있게 되었다. 대형의 ICBM을 개 발하여 중·단거리 미사일로 쓸 수 있게 된 것이다. 현무-5를 토대로 더 큰 탄두를 달고 2,000~3,000km을 날아가는 현무-6를 제조한다면 중국 과 극동 러시아의 핵심부를 사정권에 넣을 수 있다.

주어진 여건도 활용해야 한다. 한국 공군이 40대 갖고 있는 F-35A 는 내부 무장창에 폭탄을 실을 때만 스텔스 기능을 갖는다. 이 내부 무 장창에는 2,000파운드약 1t의 폭탄을 실을 수 있다. 그렇다면 13t인 GBU-57보다는 위력이 작지만 그래도 깊이 파고 들어가는 1t 정도의 벙커버스터 폭탄의 개발을 생각해 볼 수 있다.

결정적인 순간에 F-35A로 하여금 내부 무장창에 이를 싣고 은밀히 침투하여 지하에 있는 적 심장부를 제거할 수 있기 때문이다. 현무-6와 F-35A 내부 무장창에 실을 수 있는 벙커버스터의 개발은 주변의 핵 보유국에 맞서 '세력균형'을 잡을 수 있는 기회를 줄 것이다.

공격원잠 건조로 2격과 상호확증파괴 능력도 구비

우리는 세계 최고인 원자력발전 기술을 핵무기 개발이 아니라 핵능력과 핵구동 분야로 돌려야 한다. 이쪽에는 NPT^{핵확산 금지조약}를 지키면서도 원자력을 응용할 영역이 많기 때문이다.

2025년 10월 29일 한미정상회담을 계기로 우리는 미국으로부터 농축과 재처리는 물론이고 공격원잠을 건조해도 좋다는 승인을 받았다. 그런데 20%까지만의 농축을 허용받았기에 20%로 농축한 핵연료를 쓰는 원잠을 건조해야 한다는 제약을 받았다.

미국 등 유엔 안보리의 상임이사국이 운용하는 원잠은 90%대로 농축한 우라늄을 핵연료로 쓰기에 한 번 장전하면 원잠을 폐함할 때까지 핵연료를 교체하지 않는다. 그러나 우리는 20%로 농축한 우라늄을 핵연료로 사용해도 전혀 문제가 없다.

잠수함은 바닷속으로만 다니기에 꽤 많은 해양 생물이 달라붙는다. 이들이 많아지면 저항이 커지기에, 육지의 독으로 올린 다음 모래총^{모래를 쏘는 총}을 쏴서 떼어내야 한다.

잠수함에는 돌아가는 것이 많다. 이들은 마모가 되기에 교체 시기가 되면 바로 교체해주어야 한다. 그냥 쓰면 이것이 깨져 심각한 고장을 일으킬 수 있기 때문이다. 작은 부품이라면 모래총을 쏘는 작업을 할 때 교체하면 된다.

큰 부품이라면 그렇게 할 수가 없다. 잠수함에는 사람만 겨우 드나드는 '해치'만 있기 때문이다. 큰 부품 중에는 이 해치로 들어갈 수 없는 것이 많다. 들어간다고 해도 사람이 접근할 수 없는 함미나 함저의 것이라면 교체할 수가 없다.

그렇기 때문에 모든 잠수함은 5,6년에 한 번씩 함체를 토막 내 부품을 교체하고 다시 용접해 잠수함으로 만들어주는 창정비overhaul를 받는다. 토막을 내지 않고는 구석구석에 있는 부품을 교체할 수 없어서 반드시 토막토막 잘라내 작업을 한다.

90% 농축 핵연료와 20% 농축 핵연료의 차이는 수명뿐이다. 출력에서는 큰 차이가 없다. 출력은 원자로 조종을 어떻게 하느냐에 따라 결정된다. 90%대로 농축한 핵연료는 30년 이상 사용할 수 있으나, 20%로 농축한 핵연료는 6년 남짓 사용한다. 따라서 20% 농축우라늄을 쓰는 한국형 원잠은 원잠을 토막 내 큰 부품을 교체하는 창정비를 할 때 원자로를 열어 핵연료를 교체하면 된다.

2025년 12월 25일 북한 중앙조선통신이 김정은이 8,700t급 '핵동력 전략유도탄 잠수함 건조사업'을 현지지도했다며, 이 잠수함을 찍은 사진을 보도한 것은 우리도 공격원잠 건조를 서둘러야 한다는 좋은 자극제가 된다.

핵동력 전략유도탄 잠수함이란 핵탄두를 단 SLBM을 탑재한 전략원잠이란 뜻이다. 우리의 원잠은 재래식 탄두를 단 SLBM을 탑재하기에 SSN이란 약호를 쓰는 공격원잠이 되지만, 북한의 원잠은 핵탄두를 단 SLBM을 탑재하기에 SSBN이라는 약호를 쓰는 전략원잠이 된다.

이 보도에서 특이한 것은 이 전략원잠의 크기를 8,700t이라고 밝힌 점이다. 미국은 이 정도 크기의 원잠은 공격원잠으로 사용한다. 유엔 안보리 상임이사국이 운용하는 전략원잠은 이보다 두 배 정도 큰 1만 5,000여 t 내외다.

2026년 현재 북한은 2,000t급의 잠수함도 제대로 건조하지 못하고 있다. 2020년쯤 북한은 이 크기의 신포급 잠수함'고래급 잠수함'이라고도 함을 건조했다고 밝혔으나 잦은 고장을 일으켜 실전 능력을 상실했다.

북한은 핵무기를 만들어도 잠수함을 구동할 수 있는 작은 원자로를 제작할 능력이 없다. 그런데도 네 배 이상 큰 전략원잠이 거의 완성된 모습을 보여주니 수상하지 않을 수 없다. 관계자들은 폭풍군단을 파병해 준 대가로 러시아로부터 받았거나 빌렸을 것으로 추정했다. 러시아는 과거에도 우방국에 원잠을 빌려준 사례가 있다.

인도는 2000년대 초 경제난에 처한 러시아에 상당한 대가금액 미상를 주고 아쿨라-II급 '네르파' 공격원잠을 빌려와 '차크라Chakra' 명명해 11년간 사용하고 돌려준 적이 있다. 그리고 지금은 3조 원추정의 대가를 주고 또 공격원잠을 빌려와 운용하고 있다.

비공식 핵무기 보유국인 인도는 아리안트로 명명해 놓은 전략원잠을 건조할 뜻이 있어 러시아의 공격원잠을 빌려와 운영 경험을 쌓고 있는 것이다. 북한과 러시아는 우리의 공격원잠 건조에 자극받아 러시아가 북한에 원잠을 빌려주는 합의를 했을 가능성이 높다.

2003년 해군은 362사업단을 만들어 4,000t급 공격원잠 도입을 검토하다가 접은 적이 있다. 2020년에도 공격원잠 건조를 검토했으나 미국의 벽을 뚫지 못했다. 북한은 이러한 사실을 알고 있었을 테니 러시아로부터 원잠을 도입하는 사업을 벌였을 수 있다.

2026년 현재 우리가 만들고자 하는 공격원잠의 규모는 6,000~8,000t급이다. 이 정도의 크기는 가져야 현무-5나 6를 탑재할 수 있다. 북한의 원잠 도입이 임박해진 이상 이 사업의 속도는 빨라질 것이다.

현무-5나 현무-6를 탑재한 공격원잠을 보유한다면 우리는 주변의 핵보유국을 상대로 상호확증파괴 능력과 2격 능력을 어느 정도 갖춘 것이 된다. 핵무기가 없는 데도 핵무기를 가진 나라를 대등하게 상대할 수 있게 되는 것이다.

지상에서는 수직발사대 차량인 TEL로, 바다에서는 공격원잠으로 현무-5나 6를 발사할 수 있고, 공중에서는 은밀하게 침투한 F-35A 스텔스기가 벙커버스터를 투하할 수 있다면 우리는 '한국판 트라이' 체제를 갖춘 것이 된다.

KAMD와 MD의 연계

이와 함께 강력히 추진해야 하는 것이 미사일 방어다. 미사일 방어의 핵심인 요격미사일은 탄도미사일이나 순항미사일과 다른 개념으로 발전해 왔다. 침투해 오는 적 항공기를 잡는 대공미사일이 발전해 미사일을 잡는 요격미사일 개념이 나왔다. 이러한 변화를 주도한 것은 미국이었다.

레이건 정부 시절 미국은 적이 쏜 ICBM을 우주에서 요격하겠다며 SDI전략방위구상를 현실화하는 노력을 하였는데, 이것이 MD가 되었다. 산업이 발전한 나라들은 이를 보고 자국을 위한 MD 개발에 나서게 됐다. 우리도 천궁-1·2·3을 개발하며 한국형 미사일 방어체계인 KAMD를 발전시키고 있다.

천궁-3는 미국의 사드나 이스라엘의 애로Arrow에 버금가는 고고도 요격미사일이다. 사드와 애로는 핵탄두를 단 중거리 탄도미사일 요격을 목표했으니, 천궁-3나 그 후속 무기로 개발 중인 천궁-4와 5는 중거리 핵미사일을 요격할 수 있을 것이다.

세 개의 기동전단에 한 척씩 배치하려고 하는 정조대왕급 이지스 구축함에는 미국이 ICBM을 요격하기 위해 만든 SM-3를 탑재하고자 한다. SM-3를 탑재한 정조대왕급 이지스 구축함이 실전배치 되고 천궁-4와 5의 개발이 완료된다면 우리는 북핵 위기로부터 많이 벗어날 수 있다.

SM-3나 천궁-4·5로 요격하려면 적이 미사일을 쏘는 것부터 탐지해 추적해야 한다. 지구 표면은 둥글기 때문에 레이더로는 이러한 발사를 포착할 수가 없다. 우주에서 이곳을 감시하는 위성이 있어야 잡아낸다. 우리는 이 위성을 갖지 못했지만 미국은 운용하고 있다.

그렇기에 필요한 기지를 제공하는 형식으로 미국의 MD에 참여해, MD와 KAMD를 연동시켜야 한다는 주장이 강해지고 있다. 핵우산을 제공해 주고 있는 미국의 MD에 협조하는 형식으로 참여한다면 우리를 향한 북한이나 중국의 핵미사일 공격은 더욱 어려워진다. 2격과 상호확증파괴 능력만으론 보장받지 못한 안보가 보다 확실해질 수 있다.

문무대왕연구소가 개발해 낼 MMR

공격원잠을 개발하려면 이 원잠을 구동시킬 작은 원자로 개발이 긴급한 과제가 된다. 이 사업은 국책과제를 맡는 한국원자력연구원이 경주에 만든 문무대왕연구소가 추진해야 한다. 공격원잠용 원자로는 범정부적으로 개발하고 있는 SMR^{i-SMR}보다 작다. 소형^{Small}이 아니라 마이크로^{Micro}여야 하기에 MMR로 불린다.

8,000여t의 잠수함을 위해 개발한 MMR은 다양한 용도로 쓰일 수 있다. 이지스 구축함은 이 공격원잠과 크기가 비슷하니 MMR을 탑재한 신형 이지스 구축함을 건조할 수 있다. 무역국가이자 에너지 수입국가인 대한민국이 생존하려면 해상 수송로를 지키는 원정군이 있어야 한다. 이 원정군의 중추가 항공모함 역할을 하며 해병대도 태우고 가는 강습상륙함이다.

강습상륙함도 핵추진으로 건조해야 한다. 디젤엔진으로 배를 만들면 이 엔진이 많은 공간을 차지하지만 원자로는 작은 공간을 차지하니, 그만큼 항공기나 해병대를 더 실을 수 있기 때문이다. 물론 작전 기간도 늘어난다. 우리는 핵추진 함정으로 한국 기동함대를 만드는 것을 적극적으로 생각해야 보아야 한다.

이렇게 개발한 MMR과 i-SMR을 가장 경쟁력이 좋은 두산에너빌리티가 제작하면서 원자력 경쟁력을 높여간다. 한국의 원자력발전을 민영화하면, 소형 원자로로 자기 전기를 만들고자 하는 기업이 나올 수 있다. 대기업은 대형인 APR-1400으로 중소기업은 i-SMR이나 MMR로 필요한 전기를 만들어 제품 단가를 낮추는 것이다.

이를 위해서는 원자력 산업을 민영화해야 한다. 민영화한 원전으로 데이터센터를 가동하고 수소를 생산하며 AI시대를 열어간다.

MMR보다 더 작은 미크론Micron 원자로도 만든다면, 우주왕복선이나 우주탐사선의 동력으로 사용하는 것을 검토해 볼 수 있다. 이렇게 국방과 민간은 원자력을 매개로 연결될 수 있다.

기후협약에 속아 대한민국을 불가능한 재생에너지로 국가를 만들려 하지 말자. 세계적인 경쟁력을 가진 원자력 기술을 토대로 값싸고 질 좋은 전기를 생산해 AI 시대를 맞아야 한다. 산업경쟁력을 높이고 MMR을 개발해 국방도 강화해야 한다.

농축과 재처리 공장을 지어 '핵능력을 확보한 원자력 강국'이 되는 것이 핵무기 없는 대한민국이 통일 대한민국과 강한 대한민국, AI 대한민국으로 가는 지름길이다.